아무래도 잘한 것 같아

아무래도 잘한 것 같아

글 신지훈 × 그림 경미

현실 아빠가 들려주는
육아휴직 권장 에세이

YOSEMITE

가족이라는 이유만으로 당연한 것은 없다.
사랑도 미움도 함께하는 시간이 있을 때 가능한 법.
오늘도 조금씩 '가족'이라는 글자를 키우는 중이다.

슬기로운 아빠 생활

돈만 잘 벌어오면 좋은 아빠로 인정받던 시절이 있었다. 자녀들에게 용돈 두둑하게 주고, 성적표에 적당히 무관심한 아빠라면 금상첨화였다. 세상은 달라지는 법. 어느 날 텔레비전에서 아이들이 아빠에게 자꾸 어딜 가자고 조르기 시작했다. 육아에 지친 엄마를 잠시 쉬게 하고, 아빠 혼자 아이들과 여행을 다녀오는 예능 프로그램의 이야기다. 얼마 뒤 〈슈퍼맨이 돌아왔다〉라는 이름의 방송이 나왔다. 이번에도 역시 유명인 아빠 혼자서 자녀들을 돌보고, 같이 여행을 다니는 이야기였다. 함께 놀아줄 시간적 여유가 많은 아빠들이야말로 아이들에게는 진짜 슈퍼맨처럼 느껴질 수도 있겠다. '나는 우리 딸에게 어떤 존재일까…?' 나에게도 저들처럼 슈퍼맨이 되는 방법이 있었으니, 그것은 바로 육아휴직이었다.

나는 120여 일, 딱 4개월 간 짧은 육아휴직을 다녀왔다. 겨우 넉 달이었지만 육아휴직을 결심하기까지 나름 큰 용기가 필요했다. 법적으로 보장된 제도라 하더라도 쉽게 결정할 수 없었던 데에는 여러 이유가 있었다. 아마 대한민국 대부분의 부모들이 공감하는 이유일 것이다.

우선 염려된 건 직장 내의 곱지 않은 시선이었다. 육아휴직으로 생기는 업무 공백을 누군가가 채워야 하기 때문이다. 아빠 육아휴직은 더 어렵다. '남자가 육아휴직을?' '이직하려는 것 아냐?'와 같은 불편한 시선을 받기 일쑤다. 이런 편견이 부담스러워 엄두를 못 내는 아빠들이 꽤 많을 거라 확신한다.

다음 고민은 경제적 부담이었다. 정부에서 지원해주는 육아휴직 급여는 정말 고맙지만 가계 지출을 전부 감당하기에는 빠듯하다. 혹시라도 남는 시간에 부업이라도 할 수 있다면 좋겠으나 대부분의 회사와 공공기관에서는 겸직을 엄격히 금하고 있다. 애초에 통장 잔고가 넉넉한 사람 말고는 뾰족한 수가 없다. 평소보다 긴축재정을 하거나, 마이너스 통장의 힘을 빌릴 수밖에.

마지막으로 인사상 불이익에 대한 우려가 있었다. 업무 배정이나 이동, 평가, 승진 등에 악영향을 끼치지 않을까 걱정되었다. 이런 여러 가지 이유로 고민이 꼬리에 꼬리를 물었다.

'나 정말 육아휴직 가도 될까?'

결국 용기를 냈다. 무엇보다 아내가 적극적으로 호응해준 덕분이었다. 아내는 자기 회사에서는 흔치 않은 일이라며 격려해주었다. 육아휴직을 사용했던 남자 동료들 또한 대부분 걱정할 필요가 없다고 조언해주어 고민을 더는 데 도움이 되었다. 일어나지도 않은 일에 두려움을 느낄 필요 없다고 생각하기로 했다.

여러 상황을 고려한 끝에 내린 적절한 합의점이 4개월이었다. 아주 짧지도 길지도 않은 120일은 정말이지 순식간에 흘러갔다. 예상과 많이 다르게 전개된 상황과 일들에 자주 당황하기도 했다. 그러나 코로나19로 온 가족이 힘든 시기에 육아휴직 덕분에 좀 더 밀착해서 아이를 돌볼 수 있었다는 게 다행스러웠다. 육아휴직은 결과적으로 잘한 선택이었다.

가장 큰 소득은 우리 아이의 본 모습을 가까운 거리에서 보고 느낄 수 있었다는 점이다. 퇴근 후나 주말에 함께 시간을 보내는 것과는 차원이 다른 경험이었다. 우리 딸의 기질과 습관에 대해서 이해할 수 있었던 소중한 기회였다. 엄마 아빠를 어떻게 생각하는지도 차근차근 관찰할 수 있었다. 나만의 착각일지 모르지만 딸과 나 사이의 거리감도 조금 더 좁혀진 것 같기도 하다.

한편, 아이를 대하는 나의 태도를 돌아보게 된 기회였다는 점에서도 육아휴직은 의미가 있었다. 딸에게 '아낌 없이 주는 나무' 같은 아빠가 되겠다는 꿈과 달리 나의 인내심은 자주 시험에 들곤 했다. 아이가 말을 듣지 않으면 쉽게 화를 내고, 시간에 쫓긴다는 이유로 다그쳤다. 특히 육아휴직 초기에 아이에게 화내는 일이 잦았다. 24시간 밀착된 공동 생활에 서로 적응이 되지 않았기 때문일 것이다. 가끔은 아빠의 육아휴직이 아이에게 스트레스가 되는 것은 아닌가 싶어 미안하기까지 했다.

지금까지 육아나 훈육법에 대해 제대로 배운 적도 없고, 깊이 고민해보지도 못했음을 자인한다. 좋은 부모가 되고 싶다는 막연한 바람만 있었지, 어떤 노력이 필요한지 구체적인 답을 갖고 있지는 않았던 것 같다. 이런 나에게 육아휴직이라는 시간은 아빠이자 양육자로서 나를 돌아보고 반성하게 되는 계기가 되었다. 그래서 최대한 차분하게 말하고, 기다려주는 연습을 하려고 노력했다. (아이는 잘 모르겠지만.)

마지막으로, 우리 가족이 하루하루 삶의 작은 규칙들을 어떻게 만들어가고, 지켜나갈지 함께 고민할 수 있었다는 점에서 매우 좋았다. 그동안 맞벌이를 이유로 아이는 처가에 맡겨두고, 나와 아내의 편의에 맞춰 생활했던 게 사실이다. 어쩌면 아이의 입장에서는 그런 생활이 상처나 결핍으로 남았을지도 모른다는 생각이 육아휴직을 하면서 더 뚜렷해졌다. 이제는 아이가 원하는 바가 무엇인지 먼저 물어보고, 어떤 식으로 일상을 꾸려나갈지에 대해서도 아이와 함께 상의하며 만들어가고 있다.

회사에 복귀하고 얼마 뒤, 육아휴직을 최대 2년까지 사용할 수 있도록 제도가 개선되었다. 아빠 육아휴직 발령도 심심치 않게 눈에 띄기 시작했다. 육아휴직을 바라보는 문화가 점차 좋아지고 있다는 증거다. 하지만 우리나라는 세계 최저 출산율을 기록하고 있다. 아이 키우기 힘든 환경 때문일 것이다. 아이는 아이대로, 부모는 부모대로 힘든 지금의 양육 환경은 개선되어야 하지 않을까. 부부가 공동 육아를 하기 쉬워지고, 더 많은 아빠들이 육아휴직을 갈수록 우리 사회 전체의 행복지수도 상승하리라 확신한다.

아직도 망설이고 있는 아빠들이 있다면 너무 걱정 말고 육아휴직을 꼭 다녀오라고 말하고 싶다. 인생 공동체인 나의 가족에 대해서, 우리 아이와 내 삶에 대해서 한 번쯤 잠시 멈춰서 생각해보고 돌아보는 기회를 가져보길 권한다.

120일간의 육아휴직 과정과 이후 코로나로 재택 근무가 잦아지면서 아이와 부대끼며 쌓은 경험들 중 기억에 남는 것들을 이 책에 소소하게 기록했다. 지금 이 순간에도 아이의 행복과 안정적인 성장을 위해, 가족 모두의 행복을 위해 육아와 가정, 일 사이에서 매일 고군분투하는 세상의 모든 아빠와 엄마에게 이 책이 조금이나마 용기와 도움을 주면 좋겠다.

2022년 가을
신지훈

contents

프롤로그_ 슬기로운 아빠 생활 ··· 6

Chapter 1 >>> 육아휴직, 막차를 타다

뜻밖의 질문 ··· 17
막차가 남아 있다 ··· 24
여보, 할 말 있어 ··· 27
휴직 선언을 하면 생기는 일들 ··· 33
엄마도 아닌데 왜? ··· 39
아무튼, 시작 ··· 43

Chapter 2 >>> 시작부터 좌충우돌

우아한 아침이라는 판타지 ··· 53
아이가 타고 있습니다 ··· 59
온갖 '라면'이 끓는 시간 ··· 65
오늘 하루도 순삭 ··· 71
맘카페 준회원이 되다 ··· 77
휴직자의 아침 외식 ··· 83

Chapter 3 >>> 대쪽 같은 내 새끼

등굣길 딸바라기 파파라치 … 89
치과 정기 나들이 … 95
아빠, 저리 가 … 100
당당히 말해도 돼 … 105
할머니 집에만 가면 달라지는 아이 … 111
공부란 무엇인가 … 117
오답투성이 훈육자 … 122
대쪽 같은 우리 집 금쪽이와의 대화법 … 128
공포의 피아노 교습소 … 135
혼자 학교 가는 길 … 141

Chapter 4 >>> 여전히 고군분투

원격 지원을 요함 … 149
삼시 세끼의 위대함 … 154
제이사랑회 회장님의 사랑법 … 161
을지로 회식왕의 주부 우울증 … 167
두더지 게임 같은 집안일 … 172
아빠의 복근 … 179
제이의 다정한 밤 편지 … 185

Chapter 5 >>> 비긴 어게인

기로에 서서 … 193
코로나 시대의 육아 전쟁 … 198
같이 가줄래? … 203
찰나의 육아휴직 … 209
와, 숨통이 트인다 … 214
오래 기억하고 싶은 시간들 … 220
내가 네 편이 되어줄게 … 225

Chapter 6 >>> 오늘도 육아휴직을 고민하는 아빠에게

왜 아빠는 육아휴직을 못할까 … 231
그럼에도 아빠 육아휴직이 필요한 이유 … 238
육아휴직을 시작하는 아빠들에게 … 243

우리 가족 속마음 인터뷰 … 247
아빠의 일기장 … 257

Chapter 1

육아휴직,
막차를 타다

어느 날 아이가 던진 투정 섞인 질문이 파문을 일으키고
결혼 10년차 아빠는 육아휴직의 막차를 타기로 결심한다.

사람들은 내가 왜 육아휴직을 가는지 궁금해하고,
나는 왜 이유가 필요한지 의문이다.

120여 일의 육아휴직을 시작하고,
아이와 함께 멋진 계획을 세워볼까 했으나…

뜻밖의 질문

"아빠, 왜 나만 이렇게 살아야 해?"
"응? 무슨 소리야?"
"나도 집에서 학교 다니고 싶어. 다른 애들처럼…."

늦은 저녁, 처가에서 제이를 데리고 둘이서 집으로 돌아오는 길이었다. 뒷좌석에 조용히 앉아 있던 제이가 갑자기 질문을 던졌다. 보통 편의점에 들러 아이스크림을 사달라고 조르거나, 학교에서 자신을 피곤하게 했던 친구 이야기를 하는 제이가 오늘따라 갑자기 왜 이럴까. 제이는 진지했고, 질문은 하소연에 가까웠다.

"제이야. 많이 힘들어?"
"나 진짜 일찍 일어나기 힘들어."
"그러니까 일찍 좀 자. 늦게까지 TV 좀 그만 보고."
"아니, 나도 집에서 학교 다니고 싶다고⋯."

그렇게 퇴근길 대화는 대충 얼버무리고 넘어갔다. 아마 육아휴직에 대해 고민하게 된 것은 그즈음인 것 같다. 제이가 던진 질문 하나가 내 마음에 작은 파문을 일으켰다.

새벽에 잠이 덜 깬 상태로 주섬주섬 옷을 입고 할머니 집으로 가야 하는 아이. 학교를 마치면 픽업해줄 사람이 없어서 차량 운행을 하는 태권도장에 다닐 수밖에 없었던 아이. 가끔 엄마 아빠의 회식이나 야근이라도 겹치면 할머니 집에서 강제로 외박해야 하는 아이. 제이는 그런 아이였다. 늘 다른 친구들보다 좀 더 부지런해야 하는 아이 말이다. 요즘처럼 육아가 어려운 시기에 가족의 도움을 받는 것만으로 얼마나 다행이냐고 생각했는데, 제이의 입장에서는 마냥 고마운 일은 아니었던 것 같다.

아내와 나는 결혼 10년 차 맞벌이 부부다. 결혼한 지 얼마 지나지 않아 제이를 만나게 되었다. 당시에도 맞벌이였던 우리는 육아 문제로 고민이 많았다. 그것은 아이를 '어떤 마음으로' 키우느냐가 아니라 '누구에게 맡겨서' 키울 것인가에 대한 문제였다. 당시 아내는 새벽 여섯 시 반이면 성북구의 신혼집에서 수원까지 길고 긴 출근길을 나서야 했다. 아내가 다니던 회사는 여성 인력이 많은 조직이었음에도 육아휴직을 할 바에야 차라리 퇴사를 권하는 분위기였다. 아내는 육아와 경력단절을 맞바꾸고 싶지 않았다. 나도 그 생각을 지지했다. 그리하여 우리에게는 육아 대책이 절박했다.

처음에는 집에서 상주하는 베이비시터를 구할까 고려했으나 가족이 아닌 분에게 아이를 맡기는 것에 대한 부담감이 컸다. 아이 정서에도 좋지 않을 것 같다는 잘못된 선입견도 있었다. 결국 처가 어르신들에게 제이를 맡기고 전폭적인 육아 지원을 부탁드리는 쪽을 택했다. 신혼집과 처가와의 거리가 좀 멀었기 때문에 평일 저녁 퇴근 후 아이를 데려오고 아침에 다시 처가에 맡기는 건 현실적으로 힘들었다. 어쩔 수 없이 주말에만 집으로 데리고 오게 되었다. 몇 년간 제이와 사실상 별거를 한 뒤, 신혼집의 전세 계약이 끝나고 처가와 가까운 동네로 이사하면서 형편이 조금 나아졌다. 꼬마 제이는 주 4일은 우리와 함께, 3일은 할머니 집에서 지냈다. 이후 초등학교 2학년이 되면서 우리가 아예 처가 바로 근처에 집을 구한 덕분에 제이는 비로소 매일 밤 엄마 아빠와 함께 잘 수 있게 되었다.

그럼에도 불구하고 이른 아침 출근하는 엄마 아빠 때문에 새벽부터 일어나 가방 들고 할머니 집으로 이동해야 하는 생활 패턴은 어린 제이에게 힘든 도전이었다. 우리 세 가족의 삶은 아내와 나의 스케줄을 중심으로 돌아갈 수밖에 없었고, 당연히 제이의 일상은 우리의 사정에 따라 조정되기 일쑤였다.

아이가 경험하는 모든 첫 순간들을 곁에서 직접 지켜보는 기쁨을 어떻게 말로 표현할까. 처음 몸을 뒤집은 순간, 소파에 기대 두 발로 간신히 일어선 순간, 처음 '엄마' '아빠'를 부르던 순간, 띄엄띄엄 글씨를 따라 읽기 시작한 순간까지. 아이의 모든 처음의 순간들은 부모에게 큰 감격을 준다.

아쉽게도, 하루하루 달라지는 제이를 흐뭇하게 지켜볼 기회가 우리 부부에게는 별로 없었다. 설령 있더라도 희미한 찰나의 기억들뿐이다. 초등학교에 입학하기 전까지 제이는 거의 모든 시간을 처가에서 지냈기 때문에, 제이에게 물개박수

아이의 모든 첫 순간을 곁에서 지켜보는 기쁨,
그것을 어떤 말로 표현할 수 있을까.
모든 처음의 순간은 부모에게 큰 감격을 준다.

를 쳐줄 감격의 순간에 대부분 함께 할 수 없었다. 그런 중요한 순간마다 나는 회사 일로 정신 없는 삶을 살기에 바빴고, 아내 또한 사정은 마찬가지였다. 서울에 있는 회사로 아내가 이직을 한 뒤에도 생활 패턴은 여전했으며, 오히려 더 바빠졌다. 사정이 이렇다 보니 재방송 없는 명작 드라마를 놓친 기분으로 사는 날이 반복됐다. 어쩌면 제이도 그런 생활에 익숙해졌던 것 같다. 보통의 직장인보다도 더 이른 아침부터 집을 나서고 저녁 늦게야 집에 돌아오는 생활을 제이는 큰 투정 없이 꿋꿋이 반복했다. 어린 제이가 엄마 아빠와 집에서 함께 머물 수 있는 시간은 늘 부족했다.

그렇게 수년을 지내고 정신 차려 보니 어느새 제이는 초등학교 3학년이 되어 있었다. 제이를 한 손으로 안고 몇 층씩은 가볍게 오르락내리락 했는데, 이제 내가 뒤쫓아 올라가야 하는 나이가 되어버렸다. 문득 부모로서 아이의 성장을 응원하고, 곁에서 바라보며 누릴 수 있는 즐거움을 놓치고 있다는 생각이 들었다. 서서히 그 생각이 풍선처럼 부풀어 올랐다. 미안하고 안타까웠다. 무엇보다 잠시라도 온전히 아이 곁에 있어주고 싶다는 바람이 간절해졌다.

지금까지 나는 상황에 떠밀리듯이 살아왔다. 우리 인생이 대부분 그런 식으로 흘러가는 것일지라도 제이를 위해서, 더불어 나와 아내를 위해서 무언가를 해야겠다는 생각이 들었다. 새로운 계기가 필요한 시점이었다. 이제는 제이에게 두 집 생활을 하지 않아도 되는 삶을 찾아주고 싶었다. 이를 위해서는 '퇴사'와 '육아휴직'이라는 선택지가 있었다. 물론 나의 선택지는 후자였다.

그런데 육아휴직을 갈 수 있을까? 우선 그것부터 확인해봐야 했다.

막차가 남아 있다

　때마침 입사 동기이자 무려 세 아이의 아빠인 ○○ 형과 술자리가 있었다. 어느덧 사십 대 중반을 향해가는 우리의 관심사는 대체로 노후 준비나 자녀 교육 같은 것들이다. ○○ 형은 육아휴직을 상담하기에 최적의 인물이었다. 이미 한 차례의 육아휴직 경험이 있고, 앞으로도 둘째와 셋째를 위한 육아휴직을 계획하고 있었기 때문이다.

　"아이가 2학년일 때까지만 쓸 수 있는 거 아냐?"
　"3학년이라도 만으로 여덟 살 생일 전이면 갈 수 있어."

"그래? 그럼 나도 육아휴직 할 수 있다는 거지?"

"당연하지. 내가 고용노동부에 직접 물어봤어. 아이 생일이 12월이면 3학년 겨울까지 꽉 채우고 육아휴직 갈 수 있는 거지. 못 믿겠으면 전화해서 물어보셔."

육아휴직은 만 8세 이하 또는 초등학교 2학년 이하의 자녀를 가진 근로자를 위한 제도이다. 처음에는 2학년이라는 단어만 보고 나는 해당이 안 될 것이라고 짐작했다가, 만 8세 이하라는 기준에 부합할지도 모른다고 생각해 여기저기 찾아보았으나 여전히 확신하기 어려웠다. 만 8세 이하라는 말이 만 7세가 되고 하루만 지나도 못 쓴다는 건지, 만 8세 생일까지 쓸 수 있다는 건지 혼란스러웠다. 다행히 만 8세를 꽉 채우는 날까지 육아휴직을 갈 수 있다는 뜻이었다. (이 글을 쓰면서도 아직 헷갈린다.)

겨울에 태어난 제이는 3학년이지만 아직 만 8세 이하였기에 육아휴직을 사용할 수 있는 상황이었다. 조마조마했던 마음이 일순간 평온해졌다. 제이의 만 9세 생일이 겨우 몇 달 앞으로 다가와 있었기 때문에 빨리 결정해야 했다. 마음은 급해도 나 혼자 결정할 수 있는 일이 아니었다. 아내의 동의가 필요했다.

"여보, 나 아직 육아휴직 쓸 수 있대."
"몰랐어? 올해까지는 갈 수 있는 것 같더라."
"아, 난 그것도 모르고 쓸 수 있는지 찾아보느라 헤맸어."
"백세 인생에서 일 년쯤 어때. 진짜 해봐. 난 적극 찬성."
"괜찮겠어? 생각보다 부담이 클 것 같은데."
"막차 떠나고 나서 후회하지 말고."
"생각 좀 더 해볼게."

아내의 동의도 받았겠다, 이제 나만 결심하면 될 일. 중요한 프로젝트도 마무리한 뒤일 테니 휴직 시기로는 적절했다. 그러나 현실의 문제들이 그려지기 시작했다. 일정 부분 경제적인 타격이 있을 것이고, 복귀 후 업무 적응이 힘들 수도 있기에 신중할 수밖에 없었다.

그래도 아직은 막차가 떠나지 않았다는 사실을 확인하고 나니 안심이 되었다. 올해 업무의 마무리 준비를 하면서 틈틈이 육아휴직을 떠난 나의 모습을 상상해봤다.

여보, 할 말 있어

　오전 일곱 시. 아직 어두컴컴하고 분주했던 어느 가을 월요일 아침이었다. 깊이 잠든 제이를 여러 차례 불러 깨워서 옷을 입히고 아내와 함께 집을 나섰다. 공기가 제법 차가웠다. 엔진을 예열할 시간도 없이 서둘러 차를 몰아 제이를 처가에 데려다주며 인사를 건넸다.

　"제이야, 이따가 학교 잘 다녀와. 사랑해. 밥 잘 먹고 양치 잘 하구. 들어가."

꼭 안아주는 건지 뒷목을 조르는 건지, 잠시 내게 대롱 매달려 있던 제이는 이내 나를 놓아주고는 아빠의 발걸음 소리가 들리지 않을 때까지 문을 빠끔히 열고 인사를 건넸다. 퇴근 후엔 별로 반가워하지 않으면서 이상하게 아침에는 다정해지는 미스터리한 제이를 뒤로하고 서둘러 다음 목적지인 아내 회사로 향했다.

복잡한 출근 시간에는 내비게이션이 필수다. 도착 예정 시간에 최대한 맞추기 위해 상대적으로 붐비지 않는 주택가 우회 도로를 이용한다. 오늘도 비슷한 시간에 한적한 주택가 골목길에 들어서자 항상 같은 위치에서 비상 깜빡이를 켜두는 자동차가 눈에 들어왔다. 빌라 앞 계단에서 세 살 남짓 되어 보이는 여자아이를 누군가에게 맡기는 부부의 모습이 보였다. 자주 보다 보니 왠지 아는 사이 같기도 하고 묘한 동료의식도 생겼다.

출근하는 엄마 아빠와 떨어지기 싫은지 뚱한 표정으로 손을 흔들고 있는 아이의 모습이 애틋했다. 제이랑 사정이 비슷한 아이일 것이다. 그 옆에 서서 부스스한 모습으로 노란색 어린이집 가방을 어깨에 능숙하게 걸치고 한 손으로는 아이 손을 잡고 있는 분은 아마 할머니일 것이다. 출근길에 아이를 조부모님에게 맡기는 맞벌이 부부의 익숙한 이른 아침 풍경이다. 처음 봤을 때 제대로 걷지도 못하던 아이가 이제는 제법 제 몸을 잘 가누며 인사하는 모습이 의젓해 보였다.

"와, 쟤 벌써 큰 거 봐. 조그마한 게 아침부터 고생하네."
"고생은 할머니가 하는 거지. 아이도 마찬가지겠지만…."
"쟤는 그래도 제이보단 낫네. 이 동네로 오기 전까지 우리는 저런 생활 엄두도 못 냈잖아."
"힘들어도 엄마 아빠랑 같이 자고, 일어나고, 밥 먹고 해야 하는데… 너무 우리 중심으로 살았지."
"여보, 제이에게 전화해야지."
"아, 깜박했다."

보통 출발 후 5분 정도 지나서 제이에게 전화를 한다. 아침마다 미처 잠이 덜 깬 상태로 외할머니 집으로 가야 하는 제이를 다독여주기 위한 안부 전화다. 자기 집에서 등교할 수 없는 제이에게 미안해서 언제부턴가 처가에 제이를 내려주고 전화를 하기 시작했다. 하루도 빼먹을 수 없고, 빼먹어서도 안 되는 일종의 의식처럼 자리 잡은 전화 한 통이다. "제이, 오늘 하루 잘 보내요. 조심히 다녀요. 선생님 말씀 잘 들어요. 친구들하고 잘 지내요. 학원 잘 다녀와요. 저녁에 만나요. 사랑해요" 같은 흔한 당부의 말이지만 엄마 아빠가 늘 함께하고 있다는 마음을 전하고 싶었다.

아내와 나는 순서대로(이 순서는 언제나 동일) 인사를 한다. 흥미롭게도 제이의 반응은 각기 다른데, 예를 들어 엄마가 "사랑해~"라고 하면 "응, 나도 사랑해~"라고 답하고 아빠가 "사랑해~" 하면 들릴 듯 말듯 "어"라고 답하거나 묵음 처리를 하는 식이다. 아빠에게도 사랑한다는 말을 한 번은 해줄 법도 한데… 참 일관성이 있는 아이다.

아내 회사로 향하는 차 안에서 오늘 저녁 각자의 일정을 재확인했다. 아내는 갑자기 해외 파견 가는 분이 생겨 송별 회식이 잡힐 수 있다고 했다. 회식을 하게 될 경우에는 내가 먼저 퇴근해서 제이를 픽업하기로 했다. 회식 이야기가 나오자 자연스럽게 인사평가 시즌을 앞두고는 절대 회식에 빠져서는 안 된다는 식의 철 지난 불문율을 이야기하면서 맞장구치고 키득거렸다.

집에서 조금 늦게 나선 탓도 있고 마침 월요일이라 광화문 인근 도로는 출근 차량으로 꽉 차 있었다. 경복궁역 앞 사거리에서 신호를 기다리던 사이, 아내의 눈치를 살피면서 라디오 볼륨을 조금 낮췄다.

"있잖아. 여보, 할 말 있어."
"술 약속? 일정 있으면 가. 내가 최대한 일찍 빠져나올게."
"그거 말고…. 나 어떻게, 육아휴직 진짜로 쓸까?"
"난 또 뭐라고. 쓰라고 했잖아. 뭐, 걱정돼?"
"아니, 자기 연말에 승진도 해야 하고, 내년에 우리 목돈 필요한데 부담도 되고."
"일단 써. 안 되겠으면 좀 일찍 복귀하면 되잖아."
"그렇지? 역시…. 자기 꼭 승진해."

육아휴직 사용 기한이 다가오고 있어서 이미 아내에게 여러 차례 고민을 이야기했던 터였다. 그때마다 아내는 나에게도 좋은 계기가 될 거라며 내 생각을 지지해줬다. 그러나 현실적인 고민들이 많았기에 선뜻 결심할 수 없었다.

출근 시간에 임박해서 겨우 아내 회사 앞에 도착했다. 내리기 전 "한 번만 더 육아휴직 쓸지 말지 고민할 거면 죽음"이라는 말과 함께 시크하게 회사로 향하는 아내의 뒷모습을 우두

커니 바라보았다. 회사 앞 골목길을 침투해오는 고등학생들 사이를 조심스럽게 빠져나온 뒤 오늘 아침의 세 번째 목적지인 나의 회사로 향했다.

아, 다행히 아내는 연말에 승진했다.

휴직 선언을 하면
생기는 일들

육아휴직을 결심하고 얼마 뒤, 팀 점심 식사 자리에서 슬그머니 운을 띄웠다.

"맞벌이를 하다 보니 오랫동안 처가에서 아이를 키워주셨어요. 더 늦기 전에 제가 육아휴직이라도 잠시 써서 직접 돌봐야 하지 않을까 고민 중이에요."

한 해 동안 진행했던 여러 프로젝트들을 마무리하고 이런저런 환담을 나누던 자리였으므로, 모두에게 갑작스러웠을 것이다. 개인적인 이야기가 나온 김에 옳거니 싶어 이야기했는데, 함께 식사를 하던 동료들의 동공이 커지는 것을 느꼈다. 특히 일 년 내내 프로젝트를 같이 진행하면서 고생했던 O 매니저는 "매니저님, 그러시면 절대 안 돼요"라며 장난스레 울먹였다. 반면 팀장님은 그저 뜻을 알 수 없는 온화한 미소만 짓고 계셨다.

'농담으로 받아들이면 안 되는데….'

갑작스런 육아휴직 선언은 팀원이 부족한 우리 팀에 안겨줄 부담을 조금이라도 줄이기 위한 배려였다. 단수 예고처럼 미리 대비할 수 있도록 말이다. 사람들 머릿속에 내가 곧 육아휴직을 할지도 모른다는 사실을 심어주는 게 좋을 것 같았다.

그로부터 2주 정도 또 다른 고뇌의 시간이 흘렀다. 특히 휴직 기간에 대한 고민이 계속되었다. 법적으로 보장되는 육아휴직 기간이 일 년이라 해도 아내에게 한 해 동안 가계를 전적으로 책임지게 하는 것은 정말 부담스러웠다. 정부에서 나오는 육아휴직 급여로는 매월 지출해야 하는 고정비를 감당하기에도 빠듯해 보였다. 거기에 아내에게 용돈을 받아 쓰면 나의 자존감이 하향곡선을 그릴 것 같은 쓸데없는 조바심도 생겼다.

여차저차 아내와 상의 끝에 내린 결론은 4개월이었다. 3개월은 너무 짧은 것 같고, 아이가 새 학년에 어느 정도 적응할 수 있도록 1개월 정도만 더 쓰자고 생각했다. 결론을 내리고 나니 마음이 좀 안정되는 것 같았다. 이제 회사에 공식적으로 얘기하는 일만 남았다.

"팀장님, 잠깐 면담 좀 가능할까요?"

사내 메신저로 면담을 요청했고, 2인용 회의실에 우리는 마주 앉았다. 서론 생략하고 육아휴직 이야기를 바로 꺼냈다. 순간 묘한 긴장감과 고요함이 두 평짜리 회의실에 가득 채워졌다.

"팀장님, 지난 번에 말씀 드린 육아휴직이요. 혹시 12월부터 사용할 수 있을까요?"
"아, 네. 지난 번에 말씀했죠. 혹시 기간은요?"
"1년까지 생각했는데… 4개월 정도 다녀오려고요."
"잘 생각하셨어요. 가족분들하고 좋은 시간 보내시길 바랄게요. 마음도 좀 추스르고요. 일은 걱정하지 마세요."

'어, 이렇게 간단하게…?'

지난번 예고 덕분인가? 팀장님은 놀라는 기색이 전혀 없었다. 오히려 이야기하길 기다렸다는 듯 너무 태연했다. 예고를 했어도 막상 이야기를 꺼내면 '그건 그냥 농담 아니었냐?'는 등의 반응이 나올까 염려하고 있었다. 다행히 걱정과는 전혀 다른 방향으로 대화가 이어졌다.

"내년에는 최소 한 명은 더 충원해서 지금 하고 있는 프로젝트들 이상 없이 진행할 테니 걱정하지 마시고 다녀오시면 됩니다. 그리고 시기적으로도 지금 가시는 게 팀에도 나쁘지 않아요. 올해 중요 프로젝트는 일단락했으니까요."

사람 맘이 참 희한하다. 육아휴직을 마뜩잖게 보면 어쩌나 내심 불안해했으면서, 막상 상사가 싫은 내색이나 붙잡는 시늉도 안 하니 그 또한 이상했다. 예를 들어 '좀 아쉽네요. 매니저님이 지금 휴직하면 프로젝트에 차질이 생겨요. 가능하다면 좀 천천히 가는 게 어때요?' 이런 식의 반응을 아주 조금은 예상했던 것 같다. 그 말은 내가 이 팀에 꼭 필요한 사람이고 내 빈자리로 인해 업무 공백이 생기지 않길 바란다는 의미이기도 하니까. (지금 이 순간 나는 자기모순에 빠져 있던 셈이다.)

아무튼 이렇게 공식적으로 이야기하고 나자 숙제 하나를 끝낸 기분이 들었다. 이제 시스템으로 결재를 올리고 나면 모든 게 순조로울 것이라 생각했다.

그런데 육아휴직 계획을 주변에 알리자 예상치 못한 청문회가 시작되었다.

엄마도 아닌데 왜?

육아휴직 시작까지 약 한 달 반 정도 남은 시점이었다. 전자결재 시스템을 통해 올린 신청이 임원에게 승인된 시점에 맞추어 팀 동료들과 일부 지인들을 중심으로 육아휴직 계획을 조용히 알렸다. 그러면서 "가급적 본인만 알고 계셔요"라고 덧붙였다. 비밀은 아니지만 알려지는 것이 조금 불편했다. 고작 4개월 휴직하면서 동네방네 알리고 싶지 않았다. 다만, 프로젝트에 같이 참여했던 다른 팀과 관계사 담당자들에게는 빠짐없이 사실을 알리고 양해를 구했다.

송년회를 겸한 연말 모임이 이어지자 자연스럽게 육아휴

직 이야기를 꺼낼 기회가 늘어났다. 친구들과 회사 지인들은 대부분 나의 결정에 "좋겠다" "잘했다" "대단하다(여러 의미로)"라며 반색했다. 누군가는 재차 묻기도 했다. "진짜 가는 거니?" 아주 가끔은 "혹시 로또 된 거 아냐?" "이직하려는 거 아냐?" 등의 질문도 받았다. 다양한 반응 중에서 가장 빈번한 질문은 바로 이것이었다.

"왜? 무슨 일 있어?"

사람들은 하나같이 육아휴직의 이유를 몹시 궁금해했다. 나도 안다. 걱정의 마음이 담긴 선한 질문들이란 걸. 그래도 같은 말을 반복적으로 듣다 보니 살짝 짜증이 났다. '육아'라는 말 자체가 이미 휴직의 이유인 셈인데, 아빠의 육아휴직에는 무언가 특별한 사연이 있겠거니 생각하는 것 같았다. (로또 당첨되어서 육아휴직 하는 거면 1년 했지요. 아니 퇴사를 했…) 심지어 원인을 추론해주시는 분들도 있었다. (나도 모르는) 둘째가 생겼다거나, 부모님이 아이를 봐주기 어렵다거나, 아이에게 정신적인 문제가 생겼다거나, 가사 도우미 이모님이 그만두었다거나 하는 것들이었다.

물론 이유가 왜 없을까. 말하기 시작하면 이유는 널렸다. 제이가 너무 일찍 일어나느라 힘들어하고, 매일 돌봐주시는 처가 어르신들에게 잠시 휴식도 드리고 싶고, 더 크기 전에 제이와 같이 있는 시간을 만들고 싶고…. 아니, 셀 수도 없이 더 많은 이유가 있다. 다만 그런 이유가 없다고 해서 육아휴직을 갈 수 없는 것도 아니기에 사람들의 관심이 부담스러웠다.

사람들의 반응을 보면서 아빠 육아휴직에 대한 보편적 시선을 알 수 있었다. 일단은 대부분 놀라운 일로 받아들였다. 수치상으로 아무리 증가 추세라 해도 아직까지는 아빠 육아휴직을 의아하게 생각하는 듯했다. 비슷한 상황이 반복되자 나만의 모범답안을 찾았다.

"내년엔 육아휴직을 못 가거든요. 사용기한 만료."

팩트였다. 실제로 나는 사용 가능한 마지막 날에 육아휴직을 시작했다. 그때까지 쓸 수 있으니 쓰는 거라고 사실대로 답한 것이다.

언젠가 육아휴직을 가려는 아빠들과 그 주변사람들이 참고해주길 바라는 마음에서 조금 더 첨언해본다.

'남자가 왜 육아휴직을 가냐'는 질문에는 당연히 이유가 있

아빠가 육아휴직을 간다고 하면
사람들은 특별한 일로 받아들인다.
육아는 엄마에게만 주어진 몫이 아님에도….

을 것이라는 전제가 깔려 있다. 그 이유도 어쩐지 좀 특별해야 할 것 같은 뉘앙스마저 읽힌다. 예를 들면 집안에 무슨 문제가 있거나 다른 계획이 있을 것으로 예단한다. 육아는 핑계일 뿐, 적당히 자기계발을 하려는 것 아니냐는 의심을 사기도 한다. 솔직히 그게 뭐가 문제인지 모르겠다. 육아에 지쳐 있는 것보다 적절히 자기계발을 하는 것이 회사 복귀 이후의 삶에 대비하는 올바른 태도가 아닐까?

제발 타인의 사적인 영역을 탐구하지 말고 아빠의 육아휴직을 자연스럽게 받아들이는 풍토가 조성되면 좋겠다. 육아는 엄마에게만 주어진 몫이 아니기 때문이다. 앞으로 어떤 아빠가 육아휴직을 간다고 하면 슬기롭게 이 한마디만 해주길 바란다.

"잘 다녀와요."

아무튼, 시작

육아휴직을 앞두고 함께 술을 마셔주던 친구가 질문했다.

"그래서 뭐 할 건데?"
"뭐 그냥…. 아직 방학도 좀 남았고, 더 생각해봐야지."
"그냥 보내면 나중에 후회할 것 같은데…. 이번 기회에 골프 좀 제대로 배워서 와. 같이 치게. 아니면 어디 여행이라도 길게 다녀오든지. 가려면 미리미리 예약해야 해."
"그냥, 제이랑 실컷 놀 거야."

사람들은(대부분 남자들) 자꾸 내게 무언가를 배우라거나 어딘가를 다녀오라고 했다. 그런데 주변 사람들이 추천한 계획들 대부분이 엄두가 잘 나지 않는 것들이었다. 집에서 육아를 하겠다는 사람에게 그런 제안을 하는 것이 좀 의아했다. 회사에 나오지 않으면 삶이 갑자기 한가로워질 것이라고 생각하는 것 같았다. 어느 정도는 사실이었고, 많은 부분은 예상과 달랐다. 회사에만 가지 않을 뿐, 일상은 그대로 돌아갔다. 오히려 하루하루 더 정신 없이 흘러갔다. 회사 일에는 경력이 있지만, 밀착육아는 초보이니 그럴 수밖에.

한편 내가 제대로 준비를 하고 있는지 걱정스러운 마음이 들자, 다른 아빠들은 어떻게 육아휴직을 보냈는지 궁금해졌다. 어떤 계기로 육아휴직을 결심하게 되었는지, 휴직 기간을 어떻게 보냈는지, 회사로 복귀한 이후의 삶은 어떠했는지 등. 틈틈이 아빠 육아휴직 경험자들의 책과 블로그를 살펴봤다.

대부분의 아빠들은 보통 1년, 길게는 2년씩 육아휴직을 다녀왔다. 저마다 육아휴직의 배경은 달랐는데, 동생(둘째 혹은 셋째 혹은 넷째)의 탄생으로 아내가 아기를 돌보는 동안 공동육아에 참여하는 경우가 많았다. 엄마의 복직으로 독박육아

전선에 뛰어든 아빠의 삶은 최상급 난이도였다. 손목 터널 증후군이 생겼다느니, 주부 습진이 생겼다느니, 각종 신체적 후유증을 동반한 에피소드가 눈에 띄었다.

　나처럼 아이가 좀 큰 경우에는 장기간 해외 여행이나 제주도 한 달 살기 등의 경험담이 종종 보였다. 집을 떠나 있는 동안 참 힘들었겠다는 생각과 함께 '와, 저 긴 여행을 어떻게 다 미리 준비했을까?' 경외감마저 들었다. 나는 품이 많이 들어가는 큰일을 벌이는 것 자체를 싫어하는 성격이다. 그래서 더욱 그런 아빠들이 위대해 보였다. 아이와 단둘이 여행한 어느 아빠의 이야기를 보며, 과연 그의 아내는 결혼생활 처음으로 경험하는 임시 기러기 엄마 생활에서 해방감을 느꼈는지, 아니면 외로움에 허덕였는지 몹시 궁금해졌다. 세상의 모든 아내들은 아마 답을 알고 있겠지.

　아빠 육아휴직 선배들은 각자의 계획대로 육아휴직을 시작했다. 대개 육아휴직을 실행한 자신에게 아주 만족했고, 표정도 밝아 보였다. 물론 육체적으로 많이 지친 아빠도 있었을 것이다. 그 역시도 아이와 시간을 함께 하는 동안 진한 행복감을 느꼈을 것이다.

　그런 모습들을 보는 것 자체로 충분한 자극이 되었다. 무엇인가 결심을 하기 위해서는 걱정스런 뒷이야기보다 밝은 면을 보는 편이 낫다. 아빠들의 즐겁고 뿌듯한 후기들을 보자 점점 내 맘속의 기대감도 자라나기 시작했다. 휴직을 며칠 앞두고 아빠의 소박한 계획을 제이에게 이야기했다.

"아빠 회사 쉬잖아. 제이 방학하면 이제 학원 가지 말고 아빠랑 놀까?"

"왜? 뭐 하게?"

"아빠랑 매일 여행을 다니는 거지. 엄마 회사 가고 나면 아침 먹고 나가서 놀다가 저녁에 집에 다시 오는 거야. 어때? 매일매일 당일치기 여행."

"어딜?"

"음, 공연도 보고, 산에도 가고. 여기저기 안 가본 데?"

"안 되는데. 태권도는 필수, 피아노랑 수학도 빠지면 안 돼."

"제이야, 놀아도 돼. 아빠도 방학 때는 공부 안 했어."

"안 돼. 진도 뒤처진단 말야. 나중에 친구들하고 진도 차이 나서 싫어. 지난번에 태권도 쉬었다가 품세 늦게 땄잖아."

롤러스케이트를 처음 타보게 된 제이.
아빠는 롤러장에서 아빠를 좋아하는 여자아이와
손까지 잡고 탔다는 이야기를 해줬다.
전혀 믿지 않는 눈치다.

'물어보고 휴직할 걸 그랬나?'

제이의 말도 일리는 있었다. 이건 아빠의 휴직이지, 제이의 휴직이 아니니까. 잠시나마 내적 갈등이 찾아왔으나, 섭섭한 티는 내지 못했다.

그래, 어쩌면 무계획이 진짜 계획일지도 모르니 거창한 계획 대신 일상 속의 작은 계획부터 시작하기로 했다. 같이 아침을 먹고, 등교를 하면서 제이가 어떤 친구와 만나고, 어떤 이야기를 나누는지 보기로 했다. 학원에 바래다주면서 학교에서 있었던 일을 차근차근 듣기로 했다. 집에 오는 길에 편의점에서 제이만의 길티 플레저(guilty pleasure)를 느낄 수 있는 간식거리를 마음껏 사주기로 했다. 이 도시와 이 나라를 멀리 떠나보는 원대한 계획과 비교하면 사소해 보이는, 가장 가까운 행복부터 함께 찾아보고 싶었다. 게다가 갑작스러운 불청객 코로나19 때문에 특별한 계획을 세울 필요도 없어졌다.

여기까지 서론이 좀 길었는데, 120일 동안 우리가 만들어 가는 일상의 에피소드들을 꼼꼼히 기록하여 제이에게 선물로 남겨 주기로 했다. 그것은 소중한 딸과 함께하는 시간을 만들기 위해 기꺼이 휴직계를 낸 나 자신을 위한 선물이기도 했다. 알아채기 힘들 만큼 조금씩 성장하고 있던 제이의 삶에 직접 들어가서 내가 느꼈던 묘한 동질감과 이질감, 쉽게 말할 수 없던 속마음을 용기 내어 담아보기로 했다. 그리고 육아휴직을 생각하는 아빠들이 내 글을 참고할지도 모르겠다는 기대도 조금 보태어 글을 써 보기로 결심했다.

아무튼, 시작이다.

Chapter 2

시작부터
좌충우돌

기대감을 안고 시작한 육아휴직.
하루하루 고되게 반복되는 일상에 금세 지쳐버린 나.
게다가 호사다마라고 접촉사고에 독감까지 겹겹이 액땜.

꿈꿔왔던 우아한 아침은 온데간데 없어지고,
제이에게 색다른 방학을 경험하게 해주려던 계획도
내 뜻대로 되지 않는데…

그래도 조금씩 마음의 안정을 찾고,
아침에 외식도 즐기게 된 나를 칭찬해.

우아한 아침이라는 판타지

단언컨대 육아휴직의 꽃은 아침 시간이다.

특히 등원이나 등교를 준비하는 경우에 더욱 그렇다. 조금 과장하면 하루 스트레스의 절반 이상을 아침에 받는다. 아마도 다양한 이유들이 합쳐져 모두가 힘든 아침이 되는 것 같다.

제이를 등교시키는 일은 낯설지 않았다. 육아휴직 전에도 이미 주 52시간 근무제와 더불어 자율근무제(출퇴근 시간을 자유롭게 정할 수 있는 제도)가 회사에 도입되었기 때문이다. 덕분에 일주일에 한두 번씩은 누구의 눈치도 볼 필요 없이 제이를 등교시키고 10시쯤 출근하곤 했다. 새벽부터 일어나지 않고 집에서 학교에 갈 수 있어서 제이도 좋아했고, 나 역시 일주일에 한두 번이라 부담스럽지는 않았다.

그래서일까? 육아휴직을 시작하면서 아침 시간만큼은 만만하게 생각했던 것이 사실이다. 회사도 안 가는데 뭐가 힘들다고, 얼마든지 우아하게 아침을 시작할 수 있다고 자신했다.

내가 생각했던 우아한 아침은 이런 것이었다. '부지런히 일어나 모닝커피를 한 잔 마시면서 음악과 책을 잠시 즐긴다. 출근하는 아내를 배웅한 다음, 상냥하게 제이를 깨우고 아침 식사를 준비한다. 함께 즐겁게 식사를 하고 손을 잡고 학교에 간다. 등교를 시키고 동네 한 바퀴 여유롭게 산책한다.' 지금 보면 판타지인데 처음에는 당연히 가능할 거라 믿었다.

현실의 아침은 이랬다. 오전 7시가 조금 안 된 시간. 출근하는 아내를 배웅하고 나서 잠시 잠을 깬다는 핑계로 소파에 기대었고 제이도 침대로 다시 향했다. 꾸물거리다가 화들짝 놀라서 일어난 뒤 아침 식사로 뭘 해줘야 하나 고민하며 주방에서 방황하였다. 백지 위에 서 있는 기분이었다. 미리 해둔 국이나 반찬이라도 있으면 그나마 다행인데 오늘따라 마땅한 것이 없었다. 전날 밤 아내가 추천해준 음식을 하기에는 시간이 부족했다.

냉장고를 뒤적이다가 그나마 간단하게 만들 수 있는 유부초밥 재료를 꺼냈다. 밥을 푸고 초밥 재료를 뜯어 절반의 인스턴트 아침 식사를 만들기 시작했다. 접시 위에 유부초밥이 쌓이는 만큼 주방은 집들이라도 준비하는 것 같이 지저분해져 갔다. 음식을 준비하면서 동시에 치우는 일은 최고 난이도이다. (아내는 식사를 준비하면서 동시에 주방을 깔끔하게 정리하는 타입인데, 그게 어떻게 가능한지 정말 의문이다.)

식탁 위에 유부초밥을 차려놓고 급히 제이를 깨웠다. 한 번 불러서는 일어나지 않는다. 한 번에 일어난다면 그건 이미 깨어 있었다는 의미이다. 여러 번 불러도 별 반응이 없자 나도 모르게 갑자기 화가 치밀어 올랐다. 성을 붙여서 이름을 또박또박 부르며 내가 화났음을 알렸다.

"신제이, 너 학교 안 갈 거야? 빨리 일어나."
"…."
"신. 제. 이."
"왜 짜증내. 나 일어났다고 말했어."
"가방 챙겼어? 빨리 좀 해."

그제야 불만 가득한 표정으로 느릿느릿 침실에서 나온 제이는 식탁에 앉아서 아빠가 차린 유부초밥을 조용히 그리고 한참 노려보았다. 가뜩이나 기분도 좋지 않게 일어났는데, 메뉴까지 마음에 들지 않다는 무언의 시위. 누구라도 잠이 덜 깬 상태에서는 당연히 입맛이 없을 테니 내가 참았어야 하는데 굳이 한마디를 더 보탰다.

"제이, 뭐 하니. 빨리 좀 먹어."
"…."
"맛없어?"
"먹고 있어."

금세 후회가 밀려왔다. '꼭 그렇게 말해야 했을까?' 미안한 마음에 밥 먹는 사이 심심하지 않게 텔레비전을 켜 놓고 양치질과 고양이 세수를 했다. 제이가 밥을 잘 먹고 있는지 힐끗 살펴보고 공부방에 들어가 책가방을 체크했다. 어젯밤 알림장을 미리 확인하지 않았는데 이런 날에는 어김없이 준비물이 있다. 급하게 제이의 방을 수색해서 준비물을 챙기고 알림장에 서명을 했다. 식사를 마친 제이가 벌써 세수를 하고 있었

D+1

D+10

D+20

제이의 등굣길 동행.
처음 깔끔히 샤워를 하고 나갔다.
차츰 고양이 세수만 하고 나갔다.
결국 스냅백 모자만 하고 나갔다.

다. 제이는 옷을 골라 입고 머리를 신중하게 매만졌다. 아침부터 버럭한 게 미안해 옆에 다가가 멋쩍게 "예쁘네"라고 말을 걸었다. 제이는 무표정하게 머리를 빗어 내렸다. 긴장감 높았던 등교 준비는 그렇게 끝이 났다.

집을 나서기 전에 화내서 미안하다고 제이에게 사과를 했다. 제이의 반응은 시큰둥했다. 우리는 곧 학교 앞에 도착했다. 터벅터벅 걸어가던 제이는 운동장 중간쯤부터 보이지 않을 때까지 서너 번쯤 돌아보며 나에게 손을 흔들어주었다. 집으로 돌아오는 길에 문자 메시지가 도착했다.

- 아빠, 미안해.

무안하고 미안했다. 엄마에게 오늘 아침 일을 부디 말하지 않길 빌며, 앞으로는 절대 쉽게 화내지 않아야겠다고 다짐했다. 그리고 며칠 뒤 같은 패턴이 반복되었다.

"신. 제. 이. 빨리 일어나."

아이가 타고 있습니다

 상쾌한 마음으로 시작한 육아휴직. 제이와 보낼 수 있는 많은 시간, 업무 스트레스에서 벗어나 좋아하는 책도 읽고, 미뤄뒀던 운동도 시작할 수 있는 기회, 어쩌면 새로운 취미도 찾을 수 있다는 기대감까지. 잠시 동안의 휴직이 내게도 해방감을 주는 시간이 될 거라고 생각했다. 마치 구름 위에서 공중제비라도 돌 것 같이 붕 떠 있던 마음을 내려놓는 데는 얼마 걸리지 않았다. 일상에 적응하느라 여유 부릴 시간이 없었고, 체력은 쉽게 바닥났기 때문이다.

 육아휴직이 시작된 첫 주 목요일. 모처럼 나를 위한 하루를 보낼 기회가 생겼다.

"아빠, 나 학교 끝나고 태권도 차 타고 가는 거 알지?"
"아, 그런가?"
"오늘 목요일이잖아."
"그래. 오늘 많이 추운데 차라리 잘됐다. 그래도 아빠가 중간에 가방 받으러 갈까?"
"아니, 괜찮아."
"그래. 그럼 학원 잘 도착하면 연락해. 알았지?"

학교 수업이 한 시간 더 많은 목요일에는 학원 차량을 이용하여 등원한다는 사실을 잊고 있었다. 그 말인즉, 내가 중간에 픽업하러 가지 않아도 된다는 뜻. 의도치 않게 꿀맛 같은 휴식 시간이 생긴 것이다.

제이를 학교에 데려다준 뒤 아침 운동을 했다. 평일 아침 9시 전후의 헬스장은 한산했다. 부지런한 회원들이 새벽 운동을 마치고 출근길에 나선 이후라서 나 같은 헬린이는 눈치보지 않고 여유롭게 운동을 즐길 수 있었다. 오후에는 집 근처 대학교 도서관에서 책을 읽고, 학생식당에서 학식을 먹으며 대학생들이 무슨 대화를 하는지 귀 기울여보기도 하며 시간을 보냈다. 마침 아내도 퇴근이 늦다고 하여 저녁 시간까지 캠퍼스에서 빈둥대며 시간을 보냈다. 그러면서도 중간중간 제이에게 문자 메시지를 보내 학교는 잘 마쳤는지, 학원에는 잘 도착했는지 수시로 확인했다. 제이는 학원 차를 타고 할머니 집으로 귀가해서 저녁을 먹고 놀기로 했다. 집 근처에 육아를 도와주시는 부모님이 계신다는 사실에 사뭇 감사했던 하루였다. 그런데 누군가가 질투라도 했던 것일까?

처가에 들러 제이를 차에 태워 집으로 향하는 길이었다. 단지에 진입해 언덕을 오르는데 저 멀리 감속 없이 급하게 내려오는 차가 언뜻 보였다. 코너를 동시에 지나가면 위험할 것 같아서 일단 멈추고 기다렸다. 아뿔싸, 그 차는 내 차를 못 봤는지, 아니면 코너링이 서툴렀는지 중앙선을 한참 넘어서 내려오다가 내 운전석 옆으로 그대로 밀고 들어왔다. 차 문이 광범위하게 찌그러지는 것이 온몸으로 느껴졌다. 그 순간 머릿속을 스치는 생각이 있었다. '아, 그냥 일찍 데리러 올걸.'

"제이 괜찮아?"

"응. 차 사고 났어? 뭐야?"
"응. 제이는 차에 잠깐 있어 봐."

다행히 제이는 별로 놀라지 않은 얼굴로 창밖의 상황을 살피고 있었다. 놀란 쪽은 오히려 나였다. 당황한 기색을 지우고 조수석 방향으로 내려서 차 상태를 살폈다. 두 차가 옆면끼리 절묘하게 붙어 있었다. 상대방 창문이 열렸다.

"괜찮으세요?"
"어떡해요. 죄송해요. 올라오는 차가 있는지 못 봤어요."

운전자는 나보다는 연배가 있어 보이는 중년 여성이었다. 뒷좌석을 보니 카시트에 두세 살쯤 되어 보이는 어린 여자아이가 앉아 있었다. 다행히 아이는 괜찮아 보였고, 놀라지 않은 것 같았다. 사고 현장 증거용으로 사진 몇 장을 찍은 뒤 주차 공간으로 차를 옮겼다.

운전석 문짝과 휠, 범퍼, 라이트 등 많은 곳이 파손된 상태였다. 날이 매섭게 추웠다. 밖에 조금만 서 있어도 이가 덜덜 떨리는 밤이었다. '하필 이런 날에….' 상대방도 많이 당황한 것 같았다. 의연한 척했던 나도 막상 차 상태를 자세히 확인하고 나니 그제서야 심장이 불규칙하게 뛰기 시작했다. 양쪽 보험사에서 출동해서 사고 접수를 완료하는 순간까지도 내 머릿속은 자책감으로 가득 차 있었다.

"아기는 괜찮나요?"
"괜찮아요. 이쪽도 아이가 타고 있었죠? 죄송해요. 저 때문에 하필 집에 다 오셔서…."
"아니에요. 그나저나 아기가 놀라지 않았어야 할 텐데요."

사정을 들어보니 그녀는 퇴근 후 시댁에 맡긴 아이를 픽업하여 집으로 돌아가는 길이었다. 평소보다 늦어져 서두르느라 미처 내 차를 못 봤다고 했다. 우리 둘 다 비슷한 상황이었다. 부모님 댁에 맡긴 아이를 데리고 오는 길에 한 사람은 사고를 내고, 다른 한 사람은 사고를 당한 것이다.

다음날, 맞은편 차를 기다리는 우리의 모습이 녹화된 블랙박스 영상 덕에 상대 측 보험사에서 전부 배상 처리를 하기로 했다. 하지만 내가 제이를 조금만 더 일찍 데리고 왔더라면 애초부터 이 사고는 일어나지 않았을 거란 생각에 내게도 절반

쯤 책임이 있는 것처럼 느껴졌다. 나는 가족들이 걱정할까 봐 별일 아니었다고 안심시켰다.

다치지 않았으니 별일 아닌 것이 맞긴 했다. 그럼에도 '그 시간까지 뭐 하고 돌아다니다가 그랬냐', '운전을 도대체 어떻게 한 거냐'와 같은 원망이 귓가에 계속 맴돌았다. 제이가 다치기라도 했다면 얼마나 더 괴로웠을까. 그날 밤은 좀처럼 잠이 오지 않아서 그 핑계로 맥주캔을 여러 개 땄다.

'그래, 액땜 한번 했다고 생각하자.'

수리된 차는 얼마 뒤 집으로 돌아왔다. 그리고 아직 엄동설한 접촉사고의 얼얼함이 채 가시기도 전, 또 다른 액땜의 기운이 찾아오고 있었다.

온갖 '라면'이 끓는 시간

답답할 테니 바람도 쐴 겸 나오라며 팀 송년회에 초대받았다. 모처럼 팀원들과 함께 공연을 보고 저녁 회식을 하게 되었다. 육아휴직을 떠나는 나를 배려해준 동료들에게 감사 인사라도 하자는 마음으로 망설임 없이 참석했다. 마침 승진자 발표가 있는 날이어서 회사 소식도 들을 수 있었다. 내가 없어도 회사는 아주 잘 돌아가고 있었고 그런 사실이 다행스러웠다. 송년회를 즐겁게 마치고, 같은 날 팀장으로 승진한 동기를 축하해주기 위해 2차까지 마시고 집에 돌아와서 그대로 쓰러져 버렸다.

"제이야, 괜찮아? 열이 좀 있는데?"
"머리 아파."
"병원 갈까?"
"싫은데…."

다음날인 토요일 아침, 제이가 일어나지 못하고 있었다. 열이 나고 머리가 조금 아프다고 했다. 주말 오전까지는 진료를 보니까 소아과에 데리고 가볼까 고민하다, 그놈의 숙취와 무사안일주의가 나를 주춤하게 했다. 금방 나을 거라는 근거 없는 믿음까지 더해져 그냥 해열제로 버티도록 내버려두었다.

낮에는 그럭저럭 열이 내렸고, 제이도 어느 정도 기운을 차린 듯 활발하게 놀았다. 밤이 되자 열이 다시 오르더니 좀처럼 떨어지지 않았다. 30분 단위로 체온을 확인했는데 해열제가 아예 듣지 않았다. 제이는 밤새 뒤척이며 39도와 40도 사이를 오가며 끙끙 앓았다. 해열 파스와 물수건으로도 별 소용이 없어서 전전긍긍하며 새벽에라도 응급실에 가야 하나 싶었는데, 어물쩍 날이 밝아버렸다.

'아, 맞다. 일요일에도 문 여는 병원이 있지 않을까?'

선잠에서 깨자마자 휴대폰으로 검색해보니 다행히 일요일 진료를 하는 병원이 차로 10분도 안 걸리는 곳에 있었다. 걱정하는 아내를 안심시키고 제이와 함께 병원으로 향했다. 계절이 계절인 만큼 병원에는 지친 표정을 한 어린아이들이 많았다. 간단한 검사 후 A형 독감을 진단받았다. 앞으로 5일간 등교 금지 및 자가격리 처방을 받았다.

왜 처음부터 독감을 생각하지 못했을까? 한 달 전에 독감 주사를 맞았기 때문에 안심하고 있었다. 독감은 변종만 수십 종에 달해서 그중에 올해 유행할 것 같은 유형 몇 개를 세계보건기구에서 발표하고, 우리는 거기에 해당하는 백신만 맞는다고 한다. 독감주사로 어느 정도 예방은 해도, 독감을 완벽히 차단하지는 못한다는 사실을 간과하고 있었다.

그나마 왜 열이 나고 아팠는지 알게 되자 다행스러웠다. 치료의 방향이 명확해졌기 때문이다. 집에 와서 아내가 정성스레 준비해 놓은 죽과 독감약을 제이에게 먹였다. 속이 불편한지 제이는 곧바로 게워냈다. 토하면 다시 먹여야 한다고 해서 어쩔 수 없이 좀 더 먹였다. 약 먹고 토하는 제이의 등을 가만히 쓸어주고 있자니, 어젯밤 늦게까지 술을 마시고 온 내가 한심하게 느껴졌다.

다행히 독한 약은 효과가 있었다. 제이는 식은땀을 흘리며 열을 식히고, 조금씩 기운을 차렸다. 강제적인 집콕 생활은 모두에게 낯설었고 전혀 달가운 일이 아니었다. 고맙게도 제이는 크게 짜증내지 않고 조금씩 바이러스를 이겨냈다. 그럴수록 즉시 병원에 데려가지 않았던 나 자신을 계속 자책하게 되었다. 내가 과일이나 식사 챙기는 일을 소홀히 해서 제이의 면역력이 안 좋아졌고, 그로 인해 독감까지 걸린 것처럼 느껴졌다. 심지어 2주 전 접촉사고 생각까지 겹치자 머릿속에서 온갖 라면이 끓기 시작했다.

'그때 내가 조금 일찍 데리러 갔더라면….'
'아침 저녁 과일을 잘 챙겨 먹였더라면….'
'열 나자마자 바로 병원에 갔더라면….'
'내가 육아휴직을 하지 않았더라면….'

접촉사고는 육아휴직과 무관하게 언제라도 날 수 있고, 아이는 언제고 아플 수 있다. 그럼에도 불구하고, 내가 육아휴직 중인 상황에서 벌어진 일의 무게감은 달랐다. 내가 원래 이렇게 책임감이 많은 사람이었나 싶을 정도로 모든 일이 다 내 책

그때 내가 조금 일찍 데리러 갔더라면…
아침 저녁 과일 좀 잘 챙겨 먹였더라면…
열 나자마자 바로 병원에 갔더라면…
내가 육아휴직을 하지 않았더라면…

'제이야, 미안해. 이게 다 아빠 때문이다.'
육아휴직 중 일어난 일은
모두 다 내 책임처럼 느껴진다.

임 같았다. 부모님이 아이를 봐주실 때 조금이라도 다칠까 봐 잠도 잘 못 주무신다는 말이 십분 이해됐다.

"여보, 이게 다 나 때문인 것 같아."
"뭐가?"
"접촉사고도 그렇고, 독감도 다 나 때문에…."
"아이고, 이 아저씨 뭐라고 하니. 됐거든요."

아내와 생라면을 안주 삼아 맥주를 마시다 괜히 핀잔만 들었다. 그래도 나는 미안했다. 제이는 무슨 일이 있었냐는 듯 자기 방에서 유튜브에 열중하고 있었다.

오늘 하루도 순삭

"여보, 할 만해?"
"뭐… 다 좋은데 하루가 진짜 순삭이다."
"나이 들어서 그래. 나이 들어서."
"참 희한하지. 회사에선 그렇게 시간이 안 가더니…."

시간이 부쩍 빨라진다. 마흔이 넘으니 한 해 한 해 더 빨라지는 것을 몸이 먼저 안다. 다행히 이건 내 잘못이 아니라고 전 세계 과학자들이 여러 이론과 실험을 통해 입증해왔다. 나이가 들면 뇌의 기억중추를 자극하는 호르몬인 도파민 분비가 약해진다고 한다. 그래서 새로운 기억에 대한 자극이 약해지고 별로 기억할 게 없다고 느끼게 되는데, 이로 인해 시간이 빠르게 흘렀다고 착각한다는 것이다.

그렇다고 모든 것이 호르몬 탓은 또 아니다. 삶의 패턴이 반복될 경우에도 시간이 빠르게 가는 것처럼 느껴진다고 한다. 쳇바퀴처럼 살다 보면 새로운 기억이 자리잡기 어렵다는 논리다. 결국 호르몬과 변화 없는 생활 패턴이 시너지를 일으켜서, 새로운 기억이 뇌에 자극을 주지 못하게 되는 이치인가. 나도 모르게 빨라지는 시계 바늘. 지금 이 순간 내 이야기였다.

브이로그를 찍는 기분으로 오늘 하루를 되짚어본다.

아침부터 이미 많은 일들이 벌어진 뒤 제이를 학교에 데려다주고 집에 돌아오니 급격히 허기가 몰려온다. 일단 밥을 먹고 조금 멍하니 있다가 설거지를 한다. 참, 설거지를 하기 전에 세탁기를 돌리면 시간을 좀 더 절약할 수 있지. 설거지를 끝내 놓고 잠시 커피 한 잔 하면서 쉬다 보면 슈베르트의 '송어'(빨래가 끝났다는 소리)가 울려퍼진다. 빨래를 널고 기진맥진하여 시계를 보면 어느새 제이의 하교 시간이 다가오고 있다.

외투를 입고 다시 집을 나선다. 학교 앞에서 제이를 만나 같이 집에 온다. 학원 가기 전 집에서 30분 정도 쉬는 동안 제이의 간식을 챙긴다. 다시 외투를 걸치고 이번엔 집에서 7분 거리에 있는 학원에 데려다주고 집에 돌아온다. 학원이 끝날 때까지 집에서 대기한 뒤 다시 나와 5분 거리에 있는 다음 학원에 데려다 준다. 학원이 다 끝날 무렵 다시 학원으로 가야 한다.

이렇게 집을 들락날락하는 중간에 청소기도 돌리고 어수선한 것들을 정리한다. 잠시 지쳐서 소파에 누워 텔레비전 채널을 돌리다 보면 벌써 저녁이다. 다시 학원으로 가서 제이를 집에 데리고 오는 길에 오늘의 걸음수를 확인해본다. 5천 보를 걸었다. 따로 운동이 필요 없어서 좋긴 하다.

아내가 퇴근한다. 구세주다. 저녁은 아내가 준비해주기 때문이다. 내 요리 실력으로 우리 세 식구의 저녁까지 망칠 수는 없으므로 공손하게 기다린다. 아내는 요리를 잘한다. 잘해도 너무 잘한다. 결혼 전에 요리를 해본 적이 없다는데 공부 잘하는 애들이 학원이나 과외 경험 없다고 하는 말처럼 들린다. 아무튼 아내는 하루 종일 회사에서 시달리고 와서는 뚝딱뚝딱 저녁을 잘도 차려낸다. 동시에 세 가지 요리도 만들 수 있다.

그런데 그게 다 맛있다. 요리를 하면서 정리하는 능력 말고도 이렇게 멀티플레이를 펼치는 아내를 보면 가히 경이롭다. 가식 하나 안 보태고 존경한다. 이 즐거움을 포기하기 어려우니 앞으로도 계속 해주길 바란다. 행복한 만찬을 즐기고, 설거지를 하고 나면 순식간에 한두 시간이 훌쩍 지나간다. 밤 10시다. 오전 7시에서 밤 10시로 순간 이동한 기분이다. 이제 잠자리에 들 준비를 하라고 제이에게 압력을 가한다.

내 시간은 지금부터다. 밤 10시에서 새벽 한두 시에 이르는 무렵. 자유를 만끽해야 한다. 뭔가 하고 싶은 것들이 넘쳐나는데 내게 주어진 시간은 이제 겨우 몇 시간. 어? 어? 어? 하다 그냥 하루가 지나갔다.

"여보, 마스크팩 하나 해줄게."

아내의 도움으로 마스크팩을 하고 함께 천장을 올려다보며 순삭된 하루를 되짚어 본다.

나는 정말 단순 반복되는 하루를 보냈을까? 처음 보는 제이 친구와의 짧은 등굣길 만남, 그 와중에 다이어트 한답시고 정성스럽게 준비한 샐러드, 제이를 생각하며 남겨뒀던 짧은 메모. 분명 오늘 하루 어딘가에 새로운 기억이 남아 있었다.

無念無想
(나는 지금 아무 생각이 없다.)

내일은 내일의 빨래가 있나니….
그 많은 빨래를 하느라 고된 일상을 보내신
우리 어머님들, 죄송하고 고맙습니다.

내일이면 리셋되어 비슷한 하루를 보낼 것이다. 그래도 오늘과 똑같은 내일은 아니라고 스스로에게 주문을 건다. 하루를 허투루 보내지는 않았다고 스스로를 위로하자 아득하게 안도감과 함께 잠이 밀려왔다.

'새벽 2시에 손흥민 경기 봐야 하는데 어쩌지.'

맘카페 준회원이 되다

곧 다가오는 제이의 방학. 누구나 방학 전에는 풍성하고 알찬 계획을 꾸리게 마련이다. 학부모가 된 지금도 같은 마음으로 이 시간을 맞이한다.

육아휴직 중인 아빠와 함께 방학을 맞이하는 제이를 위해 뭔가 색다른 기회를 마련해주고 싶었다. 학원을 잠시 쉬자는 제안은 이미 기각되었으므로 대안이 필요했다. 머리가 아닌 몸으로 해야 하는 일, 성취감을 느낄 수 있는 새로운 활동을 제안하고 싶었다. 당사자인 제이에게 의견을 물었다.

"제이야, 방학 때 그림 좀 배워볼래?"
"아니."
"그럼, 축구 어때?"
"아니."
"뭐 하고 싶은 거 있어?"
"없는데?"

조금이라도 관심 가질 만한 제안(슬라임 만들기, 유튜브 찍기와 같은 것들)을 했어야 했나. 제이가 점점 나를 닮아가는 것 같다. 변화를 싫어하는 내 성격과 똑 닮아간다. 나는 일, 물건, 장소, 어떤 것이든 조금만 바뀌어도 몸에서 먼저 반응이 온다. 무언가 불편하게 느껴지면 심장이 빨리 뛰고 가슴이 답답해진다. 귀에서 삐- 소리가 나기도 한다. 변화를 거부하는 성격이 어느새 체질이 되어버린 것 같은 느낌. 이런 것도 유전인 건지, 아니면 일단 '노(No)'라고 대답하고 보는 건지. 제이는 마치 협상에서 유리한 위치를 점하려면 제안을 쉽게 받아들이지 않아야 한다는 걸 알고 있는 것 같았다. 음, 엄마한테 배웠나?

아무튼 학교 가랴, 학원 가랴, 의논할 시간이 부족해서 일단 한 보 후퇴했다. 아주 약간만의 변화를 주고자 기존에 다니던 피아노 학원을 옮기는 쪽으로 방향을 잡았다. 정기적으로 발표회도 하고, 차량도 운행하는 학원을 찾아보기로 했다. 제이의 의사를 확인하기 전에 일단 작전 개시!

인터넷에서 동네 학원들을 찾아보니, 발표회를 하면 차량이 없고, 차량이 있으면 발표회가 없었다. 동네에서 입맛에 맞는 학원 하나 찾는 게 생각보다 어렵다는 걸 체감하자 기운이 빠졌다. 주변에 아는 엄마들이라도 있으면 도움을 청해볼 텐데. 아내에게 내가 알아서 찾아보겠다고 호언장담한 일이 후회스러웠다.

"맘카페 같은 데 물어보는 건 어때?"

알아보겠다고 한 지 한참 지나자 눈치 빠른 아내가 먼저 중간점검에 들어왔다. 가능성 없으면 다른 계획을 세워보라는 의미였다. 업무 처리가 더딘 부하직원이 상사로부터 족집게 과외라도 받은 기분이었다. '왜 그 생각을 못했지?'

우리 동네 엄마들이 기꺼이 내게 필요한 정보를 주실 거라

가는 정보가 있어야, 오는 정보도 있다는
맘카페 세계 불변의 법칙을 깨우쳤다.

는 기대감과 함께 초록창 사이트에서 서울시 ○○구 맘카페들을 검색했다. 약간의 탐색을 거쳐 결국 우리 구 이름으로 된 몇 군데 맘카페에 가입을 했다. 한 맘카페는 '여성 전용'이라는 이유로 가입을 거부했다. 맘카페에 가입한다고 바로 질문이 가능한 것도 아니었다. 자기소개는 기본이고, 다른 사람의 글에 최소 10개 이상의 댓글을 달고, 며칠 이상 출석하는 등 일정한 요건을 갖춰야 비로소 내 질문을 올릴 수 있었다. 광고 올리는 걸 방지하려는 것 같았다.

─○○동 피아노 학원을 구합니다. 원외 활동도 하고 차량 운행도 하는 곳을 찾고 있어요. 미리 감사드립니다.

정식으로 준회원의 자격을 갖춘 나는 핵심만 간결하게 질문 글을 올렸다. 하루 지나고 나서 설레는 마음으로 댓글을 확인했다. "좋은 학원 구하길 바라요." "정기발표회 하는 곳을 구하세요."

원하는 답은 없었다. 나와 마찬가지로 가입 요건을 채우기 위한 목적으로 작성한 영혼 없는 댓글만 몇 개 달려 있었다. 조금 더 기다려봤는데 이틀 정도 지나니 아예 달리지도 않았다. 신입회원이 댓글을 달 때 대개 목록 첫 페이지에 있는 글을 클릭하고 들어온다는 걸 알았다. 하긴 나도 그랬으니까. 내 글은 목록 저편에서 외롭게 답변을 기다리다가 다음 페이지로 점점 사라져갔다.

정확히 같은 동네에 살지 않는 한 실질적으로 도움되는 정보를 얻기란 어려운 일이었다. 게다가 맘카페는 단순히 답변을 얻는 것보다는 본인 경험을 진솔하고 상세하게(이 부분이 중요하다) 공유함으로써 다른 부모들로부터 공감과 지지, 그리고 조언을 얻는 데 더 큰 목적이 있다는 것을 뒤늦게 알게 되었다. 적당한 노력에 적당한 실망, 그리고 깨달음이 있었다. 그래도 아직 포기하기에는 아쉬운 시점이었다. 제이에게 정말 하고 싶은 게 없는지 마지막으로 한 번 더 생각해보라고 말했다.

"그냥 다니던 데 다니고 싶어."

제이의 주장에 못 이기는 척 새 학원을 알아보는 의지를 거두고 그냥 하던 대로 지내기로 했다.

휴직자의 아침 외식

제이가 오랜만에 할머니 집에서 잔 다음날. 유독 추운 날이기도 하고 밖에서 아침 식사도 해결할 겸 아내를 회사에 모셔다드렸다. 모처럼 출근하는 기분으로 아내를 내려준 뒤에 향한 곳은 5분 거리의 을지로. 나의 사무실이 있는 동네다.

나는 ○○동 북엇국 근처 공영주차장에 주차를 했다. 혼자만의 아침 식사를 즐길 기대감과 함께 식당에 들어섰는데 사람들이 줄지어 서 있어서 순간 당황했다. 이제 겨우 아침 7시 50분이었기 때문이었다. 잠시 기다리다 자리를 안내받았다. 테이블 곳곳에 외국인들도 눈에 많이 띄었다. 자리에 앉으면서 동시에 주문을 했다. 메뉴가 하나라 딱히 주문이랄 것도 없었다.

"여기, 북엇국 하나에 계란후라이(프라이가 아니고 후라이다) 하나 추가요."
"네~ 14번 북어 하나 알 하나."

나의 주문은 경쾌한 목소리로 주방에 전달되었다. 기분이 묘했다. 이 식당은 전날 술이 과해 도저히 제 컨디션으로 하루를 시작하기 어려울 때마다 들렀던 곳이다. 하지만 이날은 반복된 육아휴직 생활 패턴에 다소 지친 나를 위한 아침 식사가 필요했다. 속 깊은 곳까지 든든해지는 국밥 한 그릇이면 충분했다. 먼저 뜨끈한 국물을 조심스레 맛봤다. 목줄기를 타고 넘어가는 국물이 역시 일품이었다. 조금 과장해서, 자식을 염려하는 부모님의 마음처럼 소중하고 따뜻하게 느껴졌다. 두부와 국물까지 (무료로) 추가해서 든든한 한 끼를 즐겼다. 빵빵해진 윗배를 타고 후회가 올라왔다. 신나서 먹다 보니 다이어트 중이라는 사실을 잊고 있었다.

여유 있는 아침식사를 마치고 차에 오르는데 파출소 안에 오손도손 모여 앉은 경찰관들의 모습이 눈에 들어왔다. 여느 사무실의 흔한 아침 회의 풍경 같아서 잠시 구경했다. 무언가를 진지하게 연설하는 분이 파출소장쯤 되는 것 같았다. 잠시 동안 내가 없는 회의 분위기는 어떨까 떠올려보았다. 복잡한 광화문으로 출근하는 차들을 뒤로하고 다시 집으로 향했다.

아무도 나를 찾지 않는 오전 8시 50분.

집에 도착했다. 아침에 많은 일을 한 것 같지만 아직 9시도 채 되지 않았다. 휴대폰 진동이 울렸다. 회사에서 온 문자 메시지다. 오늘 아침 사내 방송 안내였다. 아침 8시 50분이면 그날의 주요 뉴스 브리핑이 담긴 문자 메시지가 날아온다. 항상 같은 시간에 도착하다 보니 '이제 곧 업무 시작되니까 허리 펴고 업무를 준비하라'는 직장 상사의 시그널 같은 기능을 한다. 나는 메시지 내용을 확인하지 않았다.

누워서 뒹굴까 하다 미뤄뒀던 빨래와 청소를 시작했다. 빨래는 세 번에 나눠서 했다. 약한 술에서 독한 술로 이어지는 술자리처럼 흰 수건, 밝은 옷, 어두운 옷 순서로. 빨래가 돌아가는 동안 청소기를 돌렸다. 사용한 지 4년 가까이 되어서인지 흡입력이 신통치 않았다. 새 제품을 하나 사자고 이야기해볼까 생각하며 청소기를 멈추고, 정전기를 활용하는 먼지포 밀대를 들었다. 집안 곳곳의 바닥 먼지와 머리카락을 수거하는 데 이만한 게 없다고 혼자 품평을 했다.

참, 중요한 절차가 남아 있다. 좋아하는 팟캐스트 방송을 재생하는 것이다. 오늘은 지난 금요일에 업로드된 〈씨네타운 나인틴〉을 들었다. 영화 소개 프로그램인데 이런저런 세상 이야기와 아재들의 잡담이 대부분이다. 평소 친구들과의 술자리에서 집안일이 귀찮고 힘들다고 투덜대면 팟캐스트를 권하곤 했다. 어차피 해야 할 일이라면 조금이라도 재미있게 하자는 의미였다.

청소를 하고 나니 벌써 점심 시간이었다. 아내가 주말에 해놓은 된장찌개를 끓여 먹으며, 내일 아침에는 제이에게 뭘 먹여야 할지 잠시 고민에 빠졌다. 일 년 열두 달, 삼시 세끼 자식들 밥을 챙기셨던 우리 엄마는 대체 어떤 심정이었을까? 텔레비전 채널을 돌리다 부부상담 프로그램이 나오길래 한쪽 팔을 기대고 지켜보다 스르륵 낮잠에 빠져들며 생각했다.

'제이야, 하루만 더 자고 오지 않을래?'

Chapter 3

대쪽 같은 내 새끼

제이와 긴 시간 붙어 있다 보니
이 아이가 무엇에 민감한지,
어떤 기질을 가지고 있는지 조금씩 보이기 시작한다.

제이와 나 사이에 있던 안개가 조금씩 걷히는 기분.
일상에서 발견한 내 딸의 캐릭터.

등굣길 딸바라기 파파라치

육아휴직 전, 내가 학교에 데려다줄 때면 급한 마음에 제이를 다그치기 일쑤였다. 빨리 먹어라, 빨리 씻어라, 빨리 입어라 등 '빨리빨리'가 입에 항상 붙어 있었다. 단지 부모라는 이유만으로 다급한 상황에서 내 아이가 순순히, 그리고 신속하게 통제에 잘 따라주기를 바랐던 것 같다. 그래서인지 내 뜻에 어긋난다 싶으면 나도 모르게 제이에게 화를 내곤 했었다.

육아휴직을 계기로 이런 예민한 태도를 고치겠다고 다짐했다. 출근이라는 핑곗거리도 사라졌으니 이젠 짜증내지 않고 제이 스스로 등교 준비를 잘할 수 있도록 돕고 싶었다. 다행히 서로의 스타일에 익숙해졌는지 등교를 준비하는 과정에서 다그칠 일도, 제이가 내게 대드는 일도 자연스레 줄어들었다. 어쩌면 제이가 눈치껏 아빠에게 맞춰주고 있었을지도 모르겠다.

마음의 여유가 생기고 나니 제이가 하루를 어떻게 시작하는지 내 눈으로 직접 꼼꼼히 확인하고 느껴보고 싶다는 생각이 들었다. 제이가 학교로 향하는 아침 공기는 어떠한지, 어떤 친구와 마주치는지, 친구들과 만나면 무슨 이야기를 하는지 궁금했다. 다른 부모님들은 어떤 모습인지, 무슨 말을 하면서 가는지, 교문에서 학생들을 맞이하는 선생님들은 어떤 표정인지, 어떻게 인사말을 건네는지 보고 싶었다. 제이의 일상에 펼쳐지는 잔잔한 것들을 살피고 오래 간직하고 싶어서였다. 그런데 이런 풍경을 내 눈에만 담는 게 미안했다. 등굣길을 함께할 수 없는 아내도 현장 분위기를 느끼게 해주고 싶었다. 방법은 간단했다. 사진 찍기!

"아빠, 제발 그만 좀 찍어."
"왜? 예쁘잖아. 여기 좀 봐봐."
"창피해. 찍지 좀 마."

"제이야, 제이 학교 가는 모습을 엄마는 못 보잖아. 이렇게라도 보여줘야지. 협조 좀 하세요."
"으휴…."
"엄마도 매일 보내달라고 했어. 이게 마지막이야. 스마일!"

매일 아침 집과 등굣길에서 최소 스무 장 이상의 사진을 찍었다. 아침 먹는 제이, 학교 갈 준비하는 제이, 현관에서 집을 나서는 제이, 계단을 내려가는 제이, 집 앞에서 친구를 만난 제이, 교문 언덕을 올라가는 제이, 학교에 들어가서 손 흔들어주는 제이….

처음 한두 번은 별말 없더니 제이는 슬슬 거부 반응을 보이기 시작했다. 왜 매일같이 자기 사진을 찍는 건지 이해할 수 없다고 했다. 아니, '쬬꼬미' 시절 카메라만 들이대면 그렇게 귀엽게도 브이 포즈를 해주던 내 딸 제이는 어디 갔을까.

제이도 제법 남의 시선이 신경 쓰이는 나이가 되었나 보다. 평온하던 등굣길이 갑자기 요란을 떠는 아빠 덕분에 피곤하게 느껴졌을 것이다. 사진을 찍는 내 모습을 몇몇 아이들과 부모님들이 신기하게 바라보는 것을 나도 느꼈으니. 그런 사실을 알면서도 일종의 근무일지처럼 나는 사진 찍기를 멈추지 않았다.

제이가 과도한 촬영에 거부감을 나타내도 나는 쉽게 물러서지 않았다. 등굣길 제이의 모습을 아내에게 생생하게 전달하여 '당신도 함께했다'는 기분을 느끼게 해주는 것 외에도 다른 이유가 있었기 때문이다. "아침 잘 먹였고, 예쁘게 준비해서 등교시켜요"라고 알리고 싶었다. 아내에게 우리 남편 잘하고 있다고, 당신 멋지다고 인정받고 싶었기 때문이다. 내게는 칭찬과 격려가 필요했다.

오늘 아침도 그럭저럭 잘 해냈다고 생각하며 촬영을 게을리하지 않았다. 그런데 사진만으로는 왠지 허전해서 교문을 들어서는 제이를 향해 "유후~ 제이야, 잘 갔다 와. 사랑해~!"라며 큰소리로 환호해줬다. 제이는 기겁하면서 진지하게 내게 부탁했다.

"아빠, 이상한 소리 좀 내지마. 제발…."

시간이 지나고 제이에게도 변화가 나타났다. 겨울 방학이 끝난 뒤부터는 알아서 포즈를 취해주기 시작했다. 입 모양만 웃으면서 뻣뻣하게 서 있는 것이 옥의 티라면 티였다. 더는 말

제이가 직접 그린 등굣길 풍경

혼자서도 잘 해내는 아이의 모습이 대견하면서도,
한편으로는 섭섭해지는 순간이 있다.
우리 부모님도 비슷한 기분을 느끼신 적이 있었을까?

하기 지쳤거나, 엄마를 위한 일이라는 논리에 설득된 건지 모르겠다. 아무려면 어떤가. 이젠 대놓고 사진을 찍어도 되는 파파라치가 되었다는 사실만으로 즐거웠다. 회사에서 열심히 일과 싸우고 있을 아내에게 사진을 보내고 행복한 등굣길 촬영 스케줄을 마무리했다.

- 오늘도 멋지게 등교 완료!

치과 정기 나들이

"이가 아프다고?"
"어디가 어떻게 아파?"
"몰라, 아파. 그냥 아파."

아무래도 다시 충치가 생긴 것 같았다. 이가 아프다는 이야기를 듣자마자 제이가 처음 충치 치료를 받던 때의 불안한 기억이 떠올랐다. 전혀 유쾌하지 않았던 기억이다. 제이가 어릴 때 양치 습관과 관련된 내용이 자주 등장하는 〈코코몽〉이라는 인기 애니메이션이 있었다. 시도 때도 없이 그 애니메이션을 보기에 나는 당연히 (그 학습 효과로) 제이가 평소에 양치질을 잘하고 있을 것이라고 믿었다. 물론 양치질 빼먹지 말라고 수시로 말은 했다. 그런데 구석구석 잘 닦으라는 말만 반복했을 뿐, 올바른 양치법을 가르쳐줄 생각을 하지 못했다. 그것은 코코몽의 역할이었으므로.

덕분에 네 살 제이는 치과 의자에 누워 생애 첫 충치 치료를 받아야만 했다. 치과 선생님은 유치에 생긴 충치가 영구치에도 영향을 줄 수 있으니 제거하고 덧씌우겠다고 했다. 그리고 아직은 제이가 어려서 치료 중에 겁을 먹고 몸을 움직이면 입이 크게 다칠 수도 있으니 수면 마취를 하자고 권했다. 일종의 수면 유도 가스를 마시고 몽롱한 상태에서 충치 치료를 받은 제이는 생각보다 잘 견뎌내는 것 같았다. 그러나 집에 돌아와서 마취가 풀리자 통증이 밀려오는지 한참을 울부짖어서 모두를 놀라게 했다. 이 이야기는 아직도 우리 집에서 전설처럼 회자되고 있다.

"여보, 제이 충치 생긴 것 같아. 치과 가야 할 듯."
"에고. 내일 치과에 전화해서 예약되는지 볼게."
"응, 빨리 서둘러야 할 것 같아. 부탁 좀 할게. 고마워."

"내가 휴직 중이라 다행이다. 지금 치료하는 게 낫지."

울상을 짓고 있는 제이를 보며 "진작 양치질을 좀 잘하지 그랬냐"고 말했다가 괜히 핀잔만 들었다. "아빠는 충치 없었어?" "아빠 어렸을 때 무서워서 치과 못 간 거 다 알고 있어"라고 말이다. 병원 갈 때마다 제이를 안심시키려고 했던 말을 용케도 기억하고 있었다. 따뜻한 위로를 건넸으면 폼이라도 났을 텐데, 짧은 후회가 밀려왔다.

며칠 뒤, 학교 끝나자마자 제이와 함께 치과로 향했다. 먼저 온 아이의 치료가 길어지는 바람에 30분을 기다렸는데, 대기 시간이 길어질수록 제이의 표정은 어두워졌다. 대기실까지 울려 퍼지는 다른 아이의 비명을 견디기 어려웠기 때문이다. 특별히 해줄 수 있는 게 없어서 제이의 귀를 손으로 살포시 막아줬다.

예상대로 충치가 여러 군데 생겼다. 본격적인 치료에 앞서 선생님이 치료실로 나를 불렀다. 거뭇거뭇 충치가 자리잡은 부위들을 거울을 통해 확인해주었다. 세 차례에 걸쳐 치료를 하겠다고 하는데, 이게 다 아빠 잘못이라고 말하는 것 같았다. 제이는 실망한 표정으로 마취 주사를 맞았다. 선생님이

"주사도 잘 참고 너무 의젓해요. 이제 치료 시작할게요"라며 칭찬해주셨다. 이번에는 왠지 나를 칭찬하는 말로 들렸다.

치료를 받는 동안 대기실에서 아내에게 실시간으로 상황을 중계해주었다. 치료를 마치고 약간 부은 얼굴을 한 제이가 대기실로 돌아왔다. 꽤 아팠는지 눈가에 눈물이 맺혀 있었다. 앞으로는 결코 치과에 오지 않겠다는 결기가 눈빛에서 느껴졌다. '앞으로 두 번 더 와야 하는데….'

제이와 함께 올바르게 양치하는 방법을 잠시 배웠다. 간호사 선생님의 시범을 보며 저렇게 하는 건 나도 힘들 거 같은데 제이가 잘할 수 있을까 의문이 들었다. 우리는 양치질을 제대로 하겠다고 약속하고 집으로 돌아왔다.

긴장이 풀렸는지 제이는 전기장판을 틀어놓고 이내 잠이 들었다. 얼굴까지 덮고 끙끙 앓으며 잤다. 그런 제이를 보고 있자니 짠했다. 아직 십 년도 쓰지 않은 네 몸도 조금씩 탈이 나기 시작하는구나. 잔소리로 생각하지 말고 잘 아끼고 관리하라고 속으로 되뇌었다. 잠에서 깬 제이가 뜬금없다는 표정으로 나를 올려다봤다.

"아이고, 우리 애기 인났어요? 땀까지 흘리고. 안쓰럽네."

"아니, 그게 아니고."

"응? 뭐가 아니고?"

"전기장판을 왜 3단에 틀어놨어. 더워서 땀난 거야."

제이의 회복 속도는 빨랐다. 어느새 입안 감각이 돌아왔는지 배고프다면서 햄버거를 요구했다. 배달시킨 치즈○○주니어를 순식간에 먹어 치우고, 금세 냉장고를 열고 아이스크림을 당당하게 꺼내는 제이의 뒷모습을 지그시 바라보았다.

그렇게 세 번의 치료를 무사히 마치고, 6개월 뒤 새로 생긴 충치를 치료하러 다시 치과에 방문했다.

아빠, 저리 가

아내의 제안으로 제이가 태어난 이후 쭉 지켜오던 약속이 하나 있었다. 바로 제이가 어느 정도 성장할 때까지 내가 목욕을 전담하는 것이었다. 단지 씻겨주는 것에 그치지 않고 아빠가 함께 씻는 것이 포함되어 있었다. 그래서 신생아 때부터 초등학교 2학년까지는 내가 생각해도 기특할 정도로 꾸준하게 실천했다.

곧 아빠가 될 예정인 친한 후배들에게도 "다른 건 몰라도 목욕만큼은 꼭 네가 시켜"라고 조언했다. 아빠 입장에서 딸과의 애착을 형성하는 데 큰 도움이 되고, 육아에서 명확한 역할을 맡는 것도 의미가 있기 때문이었다. 돌이켜보면 아주 옳은 선택이었다.

처음 제이를 목욕시키던 날, 목도 제대로 가누지 못하는 갓난아이를 두 다리에 눕히고(사실상 걸쳐 놓고) 머리를 감겨주던 기억이 너무나도 생생하다. 그때 제이는 얼굴에 물이 조금만 흘러내려도 소스라쳤다. (다행히 이런 아이들을 위해 이미 샴푸 캡이라는 구원의 제품이 나와 있다는 사실을 나중에 알게 되었다.)

세네 살이 되어 제법 욕실에서 사람 구실을 하기 시작했을 때도 혼자 씻는 것은 제이에게 여전히 쉽지 않은 일이었다. 샤워기 물줄기를 감당하지 못하기도 했고, 샤워기를 한 손으로 드는 것도 어려워했기 때문에 옆에서 도와줘야 했다. 스스로 머리를 감더라도 헹구어주는 일은 내 몫이었다. 어느 정도 제이가 샤워기 사용에 익숙해진 이후에도 행여 목욕탕에서 발을 헛디디거나 미끄러질까 봐 나는 전전긍긍했다.

얼마 전까지의 일인데 지금은 옛날 이야기가 되었다. 어느새 제이는 물 속에서 눈을 뜨고 여유롭게 잠수를 즐기고, 혼자 노래를 틀어놓고 흥얼거리며 머리도 감고, 샤워 후에는 뒷정리까지 깔끔하게 해치우는 아이가 되어버렸기 때문이다.

같은 공간에서 함께 씻는 행위는 제이와 친밀해지는 데 큰 도움이 되었다. 자연스레 정서적 교감이 이루어진 덕분이다. 제이도 내 머리를 감겨주거나 비누칠을 해주는 것을 좋아했다. 아빠를 씻겨주면서 자신도 어떻게 씻어야 하는지 자연스럽게 터득하는 게 느껴졌다.

우리는 샤워부스 안에서 오늘 하루 있었던 일을 묻고 답하곤 했다. 같이 노래를 부르기도 했다. 혹여 욱했던 일이 있었다면 사과하고 마음을 풀 수 있는 좋은 기회였다. 이른바 '샤워실 토크 문화'가 잘 정착된 부녀지간이라고 해야 할까.

"제이 아빠, 이제 목욕 혼자 시키자."
"그럴까? 이제 독립할 때도 됐지."
"그건 아니고, 이제 점점 여자가 되어가잖아."

사실 독립이라는 말이 무색하게 3학년이 되면서 이미 함께 씻는 횟수가 급격히 줄었다. 그래서 육아휴직 기간에라도 그동안 소홀했던 역할에 좀 더 충실해야겠다 마음먹었는데, 이제 그럴 필요가 없어져버린 셈이다.

아내 왈, 제이가 이제는 남녀의 차이를 받아들이고 적당히

거리를 두며 조심하는 연습을 해야 한다는 것이다. 갑작스러운 이별 통보라도 받은 기분이 들었다. 내게 제이는 목도 제대로 못 가누고 울던 갓난아기 때보다 겨우 몇 뼘 자라 있었기 때문이다. 허나 이제는 제이도 조금씩 여성으로서 발을 내딛고 있다는 사실을 받아들여야 했다. (사실 목욕을 독립시키면 내 몸도 편하긴 하다.) 제이가 나와 함께 씻던 일을 좋은 추억으로 간직해주길 바라며, 필요하면 뒷정리 정도만 도와주는 것으로 내 역할을 바꾸기로 했다.

"제이야. 아빠랑 목욕하는 거 싫어?"
"아니."
"오호. 그래? (그동안 씻겨준 보람이 있군.)"
"아빠가 싫어하잖아. 씻겨주기 귀찮다고."

거기서 끝이 아니었다. 샤워실 거리두기 권고를 내린 아내로부터 추가 요청 사항이 이어졌다. 지나친 스킨십을 삼가라는 것이었다. 억지로 뽀뽀를 하거나 끌어안지 않기, 귀엽다는 이유로 엉덩이 토닥이지 않기 등이 포함되었다. 뽀뽀까지 못 하는 건 좀 그렇지 않냐고 나는 항변했다.

"하지 말라는 게 아니고, 제이 본인이 원치 않으면 억지로 하지 말라는 뜻이야."

"그야 뭐… 그렇긴 하지."

"생각해봐. 제이한테 좋아하는 애가 생겼어. 그런데 제이가 원치 않는 행동을 억지로 하려고 해. 그게 싫은데도 상대방이 실망할까 봐 겁나서 어쩔 수 없이 허락하거나, 싫다고 말을 못할 수도 있어. 그런 소극적 반응이 가족 관계에서부터 시작된다고 생각해. 싫다는 의사표현을 할 때 수긍하고 존중해줘야 제이가 커서도 잘 대처할 수 있지 않을까?"

조목조목 맞는 말이었다. 제이가 올바른 성(性) 인식과 태도를 갖추기 위해서는 내 역할도 꽤 중요하다는 말에 동의할 수밖에 없었다. 다만 감정적으로 백 퍼센트 받아들이기에는 아쉬움이 남는 것도 사실이었다. 내게 제이는 아직은 여자 사람이 아니라, 귀엽고 작고 사랑스러운 딸로만 보이기 때문이었다.

아무튼, 조금 서운했다.

당당히 말해도 돼

 오늘도 어김없이 찾아온 하교 시간. 날이 조금 풀려서 가볍게 입고 집을 나섰다. 학교 앞에는 다수의 엄마들과 소수의 아빠들, 그리고 태권도 사범님들이 무리를 이루고 있었다. 생각보다 기다리는 어른들이 너무 많아서 당황했다. 내가 초등학교에 다녔던 시절과는 사뭇 다른 풍경이다.
 삼삼오오 대화 중인 엄마들 곁에 덩그러니 서 있으려니 활기찬 분위기를 망치는 것 같아서 조금 떨어진 곳에서 제이를 기다리기로 했다. 아무도 내게 신경 쓰지 않는데도, 갑자기 누군가 말을 걸어올 것만 같은 기분에 오늘 아침에 찍었던 사진들을 살펴보며 제이를 기다렸다. 학교 앞 놀이터에는 제법 많은 아이들이 있었다. 곧 제이가 나타났다. 며칠 전에 끝난 충치 치료 때문인지 어쩐지 기운이 없어 보였다.

"아빠, 잠깐 놀이터에서 놀고 가면 안 돼?"
"집에 가서 양치하고 학원 가야지."
"잠깐, 아주 잠깐."
"어. 그래."

제이는 어떤 것을 하고 싶을 때면 왜 '하면 안 되는지' (또는 되는지) 물어볼까? 그냥 '하고 싶다'고 말해도 되는데. 내가 수시로 무언가를 하지 못하게 해서 그런 습성이 생긴 걸까? 자기 욕구를 당당하게 드러내는 것보다 부모의 허락을 먼저 구해야 한다고 은연중에 학습시킨 것 같다.

제이는 점퍼를 과감하게 벗어 두고 미끄럼틀을 타기 시작했다. 투명한 터널 미끄럼틀을 연신 오르내리는 모습이 짜릿해 보였다. 정전기 때문에 머리카락이 몇 가닥씩 바늘처럼 하늘을 향해 솟은 모습이 귀여웠다. 놀이터에 아는 친구들은 없는 눈치였다. 그런데 유치원생 정도의 아이들이 미끄럼틀 앞으로 다가오자 제이가 눈치를 보며 그들에게 자리를 비켜주었다. 제이가 한발 비켜서니 다른 아이들이 쪼로록 미끄럼을 타고 내려갔다.

언젠가 워터파크에서 슬라이드를 탈 때도 뒷사람들이 자꾸 새치기를 하는데도 가만히 보고만 있던 기억이 스쳤다. 분명히 먼저 와서 기다렸는데도 다른 사람들에게 계속 양보를 하는 것이었다. 슬라이드 타기가 무서워서 그런가 했는데, 나중에 보니 본인이 타기 전에 누군가 다가오면 본능처럼 비켜주고 있었다. 양보하는 마음이 예쁘면서도, 한편으로는 손해 보는 행동 같아서 답답해 보였다. 지금이 바로 그 상황 같았다.

제이는 미끄럼틀을 뒤로하고 다른 놀이기구들 사이를 건성건성 돌아다니면서 한쪽 방향을 자주 바라봤다. 거기엔 그네가 있었다. 놀이터에서 가장 경쟁이 치열한 그네 말이다. (인기에 비해 그네는 어딜 가나 항상 두 개뿐이다. 아예 그네만 있는 놀이터가 있으면 좋을 텐데.) 제이는 흔들 말에 앉아서 몇 번 탄력을 즐기는가 싶더니 이내 그네로 향했다. 나와 눈이 마주치자 손을 살짝 들어서 아는 척을 했다.

한두 학년 위로 보이는 언니들이 두 발로 서서 거의 180도에 가깝게 아찔한 각도로 그네를 타고 있었다. 보기만 해도 멀미가 날 정도였다. 제이는 옆에 바짝 기대어 서서 그 묘기를 바라보고 있었다. '다음엔 내가 탈게요'를 의미하는 바디 랭귀지라는 것을 아이들은 눈치챘을 것이다. 그러나 언니들은 눈길 한번 안 주고 태연하게 그네 타기를 즐겼다. 한참을 기다려도 아이들은 그네에서 내려오지 않았다. 더 기다려 봐야 소용없어 보였다. 제이와 눈이 마주친 나는 '가자'라고 입 모양만 내며 손짓을 했고, 제이는 '이리 와봐'라며 내게 손짓했다.

"왜? 이제 가야지."
"그네만 타고."
"근데 왜 불렀어?"
"그냥 옆에 있으라고. 잠깐만."

야속한 언니들은 사뿐사뿐 발돋움을 하며 그네를 탔다. 여전히 내릴 기색은 없었다. 제이의 표정을 보니 '잠깐 타면 안 돼요?' 물어볼까 말까 쪼뼛쪼뼛 망설이는 것 같았다. 그런 제이의 모습이 친구들과 어울리고 싶어서 말 없이 옆에서 기웃거리던 어릴 적 내 모습과 똑 닮아 보였다.

이제 집에 갈까?
밤 12시 넘었는데….

소소한 일상 속에서 발견하게 되는
날 닮은 너.
제이야, 하고 싶은 게 있으면 당당하게 말해도 돼.

"너도 타고 싶다고 얘기 좀 해봐."
"아니야. 그냥 가자."
"그냥 가게? 그럼 학원 마치고 다른 놀이터 가보든지."
"…."
"아빠가 쟤네들한테 얘기할까? 같이 좀 타자고?"
"무슨 소리야. 가, 이제."

결국 제이는 그네를 타지 못했다. 우리는 집에 오는 길에 편의점에 들러 아이스크림을 샀다. 금세 기분이 풀렸는지 제이의 표정이 다시 밝아졌다. 나와 닮은 구석이 많은, 숫기 없는 제이를 발견하게 된 오후였다.

'제이야, 하고 싶은 게 있으면 당당하게 말해도 돼.'

○ 할머니 집에만 가면
달라지는 아이

　육아휴직 초기에는 요리 유튜브 영상을 몇 시간씩 보면서 제이에게 다음날 아침에 무슨 요리를 해줄지 연구했다. 불맛 나는 볶음밥, 토마토 계란 볶음 같은 색다른 음식도 한두 번 시도해봤다. 제이는 내 요리를 거부하지는 않았는데, 내가 들인 노력에 비해서 반응은 시큰둥했다.

　제이에게 매일 맛있고 영양가 있는 요리를 정성스레 해주겠다는 결심은 오래가지 못했다. 파도처럼 끊임없이 밀려드는 가사 노동에 점차 지쳐갔기 때문이다. 게다가 내게 요리는 다른 집안일과는 비교할 수 없는 수준의 강도 높은 정신적, 육체적 노동이었다. 그런 핑계로 계란후라이나 김 같은 반찬으로 대충 끼니를 때우게 하는 일이 늘었다.

그러던 어느 날 장모님이 "아빠랑 있어서 그런가, 제이 얼굴이 점점 야위는 것 같다"는 말씀을 농담처럼 하셨다. "하하, 그럴 리가요" 하면서도 내심 이래서는 안 되겠다 싶었다. 그래서 방학도 시작한 김에, 손녀 얼굴 자주 보여드린다는 핑계로 자연스럽게 제이를 처가에 데려가 자주 밥을 먹이기 시작했다. 덕분에 내 끼니까지 해결할 수 있어서 일석이조였다.

처가에서 함께 밥을 먹는 횟수가 늘어나자 제이의 거슬리는 행동이 보이기 시작했다. 집에서와는 달리 제이는 식사에 좀처럼 집중하지 않았다. 철봉에 매달렸다가 공놀이도 했다가 집안 여기저기를 돌아다니다 띄엄띄엄 밥을 먹었다.

"제이, 얼른 먹어야지. 반찬도 이것저것 잘 먹어야지."

눈에 힘을 주며 지적했음에도 별 소용이 없었다. 장모님이 여러 번 부르면 그제서야 제이는 다시 자리에 돌아와서 한 숟가락 입에 넣었다. 그마저도 장모님이 밥그릇째 들고 직접 밥을 떠먹이셨다. 제이는 마치 갓 걸음마를 시작한 아기들이 식사 시간에 가만히 있지 못하고 여기저기 탐사하는 것과 비슷한 행동을 보였다. 내 기준에서는 심히 어수선했다. 한두 번은 그러려니 하고 지나쳤는데, 자꾸만 반복되자 이게 어제 오늘만의 습관이 아닐 거라는 생각이 들었다. 아마 매일 아침의 풍경이었을 것이다.

얼마 뒤 또 뭐가 그리 신나는지 밥을 먹지 않고 딴청을 피우기 시작했다. 제이는 노래를 부르고 장모님은 옆에 앉아서 밥을 떠먹여주셨다. 나는 기어이 어른들 앞에서 목소리를 높였다.

"제이, 왜 네가 직접 안 먹어? 똑바로 앉아서 먹어."
"먹고 있어."
"가만히 앉아서 먹어야지. 할머니 허리 아프시잖아."
"…."

제이는 아랑곳하지 않고 계속 까불었다. 내 혈압도 계속 올라갔다.

"어머니, 안 먹으면 그냥 굶기셔도 돼요."
"에이, 알아서 잘 먹어. 아빠 있으니까 괜히 어리광 부리는 거지. 평소엔 혼자 잘 먹어."

손녀에게 한 숟갈이라도 더 든든하게 먹이고 싶은
장모님의 깊은 마음을 헤아리지 못했다.

"맨날 그러는 것 같은데요? 제이, 아무튼 집에 가서 보자."
"뭘 집에 가서 봐. 왜 협박해."

제이는 물러서지 않았다. 오히려 별것도 아닌 일에 시비를 건다는 듯 나를 바라봤다. 장모님의 말씀이 거짓말이라는 건 뻔한 사실이었다. 밥상에서 손녀딸이 혼나는 게 보기 안쓰러워서 감싸주신 것이다. 나는 지나치게 아기 같은 제이의 행동을 이해할 수 없었다. 텔레비전의 훈육 프로그램에서 할머니, 할아버지 곁에서 오래 지낸 아이들이 유독 버릇 없는 경우를 본 적이 많았는데, 제이의 행동이 혹시 그런 것은 아닐까 걱정도 되고 화도 났다. 일단 장모님의 보호와 변호 덕분에 그날은 그냥 넘어갈 수밖에 없었다.

며칠 뒤 제이가 학원에 간 사이 처가에 혼자 들러 조용히 여쭤보았다. 제이에게 뭐라고 안 할 테니 솔직히 말씀해달라고 했다. "밥 먹을 때 항상 그러죠?" 당사자가 없으니 그제서야 장모님도 경계를 풀고 웃으시며 증언을 시작하셨다. 심할 때는 한 시간을 씨름하신다고. 그래도 어쩌겠냐고, 밥은 먹고 학교에 가야 하니까 타일러서라도 먹여야 하지 않겠냐고 말이다. 그리 힘들지는 않으니 걱정 말라고 하셨다. 옆에서 듣고 계시던 장인어른도 "애들 다 그런 거니 절대 뭐라고 하지 말라"고 내게 말씀하셨다.

어른들이라고 왜 그 상황에 열불이 나지 않으셨을까. 그래도 자신들의 손에 맡겨진 손녀딸에게 밥 한 숟가락이라도 더 든든하게 먹여 학교에 보내고 싶은 마음이었을 것이다. 어쩌면 제이를 나무랐던 것이 마치 본인들을 향한 원망처럼 들렸을까 싶어 죄송스러운 마음이 들었다. 앞으로는 화가 나도 어른들 앞에서는 큰소리 내지 않겠다고 결심을 했다. 반드시 집에 가서, 단 둘이 있을 때 시원하게 혼내겠다고….

"제이야, 아빠가 하나 궁금한 게 있는데."
"뭐?"
"넌 왜 할머니 집에만 가면 꼭 떠먹여줘야 밥을 먹어?"
"그거? 음… 할머니 돌아가시면 못 하잖아."

뒤통수를 한 대 치는 저 세상 논리에 더 이상 꾸짖는 게 불가능해졌다. 그래, 네가 이겼다.

공부란 무엇인가

 고등학교 동창과 오랜만에 술을 마셨다. 육아휴직자에게 바깥 바람과 영양분을 보충해주겠다고 불러놓고선 내가 별로 안 좋아하는 족발을 사줬다는 점을 제외하곤 숨통이 트이는 시간이었다. 우리는 최근 가장 핫하다는 부동산과 주식 투자 이야기로 술자리의 포문을 열었고, 조금 취했을 무렵 아이의 교육 문제로 대화를 이어갔다.

 일찌감치 이 분야에 눈을 뜬 친구는 이미 대학 진학을 위한 12년 마스터 플랜을 가지고 있었다. 친구의 첫째 아이는 이제 막 초등학교에 입학할 예정이었다. 이사 계획을 시작으로, 어떤 학원을 보내고 어느 중고등학교에 보내겠다는 계획을 내게 브리핑했다. 방학 때는 정기적으로 어학 연수를 보내고, 이런저런 교외 활동을 시키겠다는 것까지 모든 것이 구체적이었다. "너는 다 계획이 있구나!" 감탄하면서도, 한편으로는 "벌써부터 그렇게까지 해야 하는 이유를 모르겠다"고 했다. 친구의 동공이 커지는 게 보였다.

"지금부터 빡세게 시켜도 '인서울(서울에 있는 대학)' 갈까 말까야. 너 입시전형 알고는 있어?"
"벌써부터 무슨 입시전형이야. 그리고 자기 인생 알아서 살아야지. 억지로 시킨다고 돼?"
"뭐래. 그게 부모 역할이지. 네가 금수저냐? 좋은 학교 나와서 좋은 직업을 찾는 게 뭐가 문제야?"
"그럼 행복해져? 본인이 원해야지."
"어후 답답아. 최소한 아이가 기회를 찾을 수 있도록 부모가 도와줘야지."
"공부 못해도 자기 하고 싶은 일 하는 사람이 되어야지."
"네가 철이 아직 덜 들었다. 마셔라."

술자리에서 친구와 대립각을 세운 이유는 일단 메뉴 때문이었다. 분명히 맛있는 저녁을 사준다고 해놓고 정작 메뉴는 자기 입맛에 맞있는 걸 골랐다. 아이 교육 문제도 마찬가지다. 자녀가 좀 더 나은 삶을 설계할 수 있도록 도와준다면서, 정작 당사자인 자녀의 의지는 배제되는 것 같았다. 솔직히 부모 욕심처럼 보였다. 자녀보다는 부모 자신들의 행복을 위한 일이 아닌가 싶었고. 아마도 친구 입장에선 내가 아이의 삶에 대해 충분히 고민도 안 해보고 무조건적 비판한다고 생각했던 것 같다. 막상 현실과 마주하게 되면 분명히 내 입장도 달라질 것이라고 친구는 장담했다.

　그래, 내가 현실을 모르는 것일 수도 있다. 그래서 나 또한 친구의 말을 전적으로 부정할 자신은 없다. 애초에 어른들에게 육아 도움을 받고 있던 입장에서 주변 환경 좋고, 소위 대학 진학률 높은 동네로 이사하는 이야기는 내 현실과는 동떨어진 이야기였다. (그런 곳은 대개 집값도 비싸다.)

　이런 문제를 뼛속까지 진지하게 생각해본 것은 아니다. 다만 당장 누군가 자녀 교육에 대한 내 생각을 묻는다면 획일적으로 인생 지도를 그려놓고 아이를 밀어붙이는 것이 바람직한 것 같지는 않다고 말하고 싶다. 그게 내 생각이다. 억지로 시킨 일을 하면 결국 탈이 나게 되어 있다.

 물론 아이가 알아서 공부를 잘한다면 나쁠 것 없다. 어떤 부모가 아이가 스스로 공부를 열심히 하고, 또 잘하기까지 한다고 싫어할까. 반면 공부를 잘하지 못한다고 해도 문제될 것은 없다고 생각한다. 아이가 공부에 관심이 많고 전념하고 싶다면 그에 맞는 도움을 줄 자신은 있다. 쿨한 부모인 척하려는 것이 아니다. 노력이 부족하거나 역량이 부족해도 그것을 있는 그대로 인정해줘야 한다고 생각할 따름이다. 공부의 흥망성쇠를 다 경험해봤던 나로서는 그런 부모가 될 소양이 충분하다고 생각했다.

 어느 겨울, 작은 소동이 일어나기 전까지는.

오늘의 공부를 내일로 미뤄도 된다.
너는 아직 그래도 되는 나이야.

○ 오답투성이 훈육자

 전 세계를 공포로 몰아넣은 코로나로 인해 온 나라가 혼란에 빠졌다. 감염자 수가 많지 않았던 시기에 마침 겨울방학이 끝났고 조심스럽게 학년말 등교가 이뤄졌다. 모두가 마스크를 쓰는 생활이 익숙지 않던 시기였다. 그렇게 얼마간의 시간이 흘러 봄방학이 시작되고 확진자 수가 폭발적으로 늘었다. 학원들이 줄줄이 운영을 중단했고, 입학을 포함해서 새 학년 개학까지 모든 일정이 미뤄져 버렸다. 너무나 갑작스럽게 많은 일이 한꺼번에 일어났다. 이런 경우는 정말 처음이었다.
 가능하면 모든 걸 집안에서 해결해야 했다. 한 친구는 아이가 다니던 어린이집이 문을 닫는 바람에 아이를 맡길 데가 없어서 아내와 교대로 휴가를 쓰기까지 했다. 그런 상황에 비하면 우리 집은 그나마 내가 육아휴직 중이라 다행이라고 생각하고 버텨보기로 했다.

그런데 갇혀 있는 날이 길어지다 보니 별일 아닌 일로도 쉽게 짜증이 났다. 육아휴직이 벌써 절반이나 지났는데, 남은 절반의 시간마저 코로나 때문에 망치면 어쩌나 전전긍긍했다. 나보다 훨씬 에너지 넘치는 제이는 오죽했을까. 친구들도 못 만나고 바깥 외출도 못하니 점점 스트레스가 쌓여 말과 행동에 그대로 녹아들었다. 그렇게 꾸역꾸역 하루하루를 버티던 어느 날 기어이 일이 터지고 말았다.

새 학년 개학이 계속 미뤄지게 되자 공부를 올스톱시킨 채로 마냥 둘 수 없었다. 학교 진도를 나갈 수 있는 상황은 아니었기에 수학 문제집 한 권과 영어 단어 외우기 정도만 자율적으로 하자고 합의했다. 제이는 스스로 공부를 마치고 나머지 시간은 자유롭게 놀았다. 가끔 공부 다 했냐고 묻는 정도가 내 역할이었다. (나는 자율을 중시했으니까.)

그런데 그날은 무슨 바람이 불었는지 모르겠다. 종일 같이 있으면서 제이에게 너무 무관심한 게 아닌가 싶었던 것 같다. 내 딴에는 기분 좋게 "오늘 공부한 거 아빠랑 같이 한번 보자"고 이야기했을 뿐인데, 제이가 "다 했다니까"라는 말과 함께 심하게 싫은 내색을 하면서 수학 책을 들고 오는 것이었다. '얘 좀 봐라.' 제이의 불만 섞인 태도를 보자 갑자기 분노 세포들이 하나둘 눈뜨기 시작했다. 때마침 오늘 공부하기로 한 부분의 듬성듬성 빈 자리들과 제대로 풀지 못한 문제들이 한눈에 들어왔다.

"제이, 이거 왜 안 풀었어?"
"잘 모르니깐 안 풀었지. 답지도 없어."
"그럼 공부 끝난 게 아니잖아. 아빠한테 물어봐도 되고."
"왜 화를 내. 하면 되잖아."
"누가 화를 내. 하면 돼? 그럼 왜 안 했냐고. 그리고 여기 이거 설명해봐. 공식을 써서 풀이하라고 되어 있는데 답만 써놓았네. 문제 제대로 읽었어?"
"…."
"이렇게 해놓고, 응? 아빠가 보자고 하니깐, 응? 그렇게 말대꾸하고, 응? 설명해보라니깐 건성으로 말하고, 응? … (내가 네 친구냐는 등 잔소리 이어짐).”

　그러지 말았어야 하는데 순간 폭발했다. 이미 집콕 생활로 어느 정도 짜증이 쌓여 있었고, 불성실하게 느껴지는 제이의 태도가 더해져 몇 분간 제이를 엄하게 몰아붙였다. 나는 앉아서 혼을 내고 제이는 선 채로 꾸중을 들었다. 좋지 않은 구도였다. 한번 화를 내기 시작하니 화산이 연쇄 폭발하듯이 화가 계속 치밀었고, 내뱉기 시작한 지적을 중단하기가 힘들었다. 내 악다구니에 질려버린 제이의 눈에는 눈물이 그렁그렁 맺혔다. 너무 심하다고 자각이 든 순간에도 내 입은 멈추지 않고 있었다.

　이렇게 진을 빼고 나니 곧바로 후회가 밀려왔다. 한참을 제이와 서먹한 시간을 보낸 뒤, 다시 불러 사과했다. 아빠가 화내서 미안하다고. 제이가 약속한 대로 하지 않고 대충 끝내놓고는 다 했다고 말하는 모습에 화가 났다고 말이다. 다음에는 그렇게 소리치면서 혼내지 않겠다고, 문제 못 풀어도 상관없으니 최선을 다해보고 힘들면 꼭 이야기하라고 덧붙였다. 생각해보니 화낸 이유를 설명하다가 했던 지적을 또 해버린 셈이었다. 훈육의 방식과 이후의 마무리까지 내 행동은 전부 오

제이와 말다툼을 했다.
학원에 도착해서 제이가 미안하다고 내게 전화를 해줬다.
자꾸 아빠를 민망하게 한다.

답투성이 답안지 같았다.

친구와 공부에 관해 논쟁하며 내뱉은 말들이 우습게 느껴졌다. 내 철학이 옳은 것이라고 생각하면서, 현실에서는 제이의 작은 실수 하나조차 용납하지 못했다. 우선 내 인성부터 바로잡은 뒤에 다음에 공부를 가르치든, 올바른 태도를 가르치든 해야 할 판이었다.

'제이야, 미안해. 이게 다 코로나… 아니 아빠 탓이야.'

대쪽 같은 우리 집 금쪽이와의 대화법

코로나가 한창 퍼져가던 봄날, 〈금쪽 같은 내 새끼〉라는 흥미로운 육아 프로그램이 시작됐다. 관찰을 통해 금쪽이(자녀)가 어떤 문제 행동을 하는지 확인하고, 아이의 속마음도 들어본 뒤, 적절한 솔루션을 제시하고 개선된 아이의 모습을 보여주는 프로그램이다. 주로 미취학 아동부터 초등학생까지 금쪽이로 나오다 보니, 남일 같지 않은 심정으로 지켜보게 되었다. 국가대표 육아 전문가 오은영 박사의 예리한 관찰력과 공감능력, 그리고 입이 떡 벌어지는 해결방법을 통해 아이와 가족 전체가 달라지는 과정을 지켜보면 감탄을 멈출 수 없다.

이 프로그램에서 한 가지 흥미로운 부분은 부모의 행동이 되려 문제의 원인이거나, 혹은 문제를 키우는 촉매제라고 종종 진단한다는 점이다. 그러나 오은영 박사는 부모를 나무라지 않고, 그들이 왜 그런 행동을 하게 되었는지 한 발짝 더 들어가본다. 그러면 부모들 역시 어린 시절 자신의 부모로부터 받은 상처가 여전히 트라우마로 남아 있음을 알게 되고 내면의 자신과 솔직하게 마주할 기회를 갖는다. 이후의 과정은 부모가 먼저 진심으로 자녀를 달리 대하게 되고, 아이도 조금씩 나아지게 된다는 이야기로 전개된다. 어쩌면 육아 교과서에나 나올 것 같은 이상적인 방법론이 현실에서 마법같이 적용되는 모습을 보고 있자면 놀랍다.

텔레비전 밖의 현실은 달랐다. 우리 집에서는 '대쪽 같은 내 새끼(제이)'와 함께 하는 시간이 길어질수록 말다툼이 잦아졌다. '일어나라, 밥 먹어라, 세수해라, 공부해라' 등 대부분 제이에게 무언가를 지시할 때 다툼이 발생했다. 혹여 제이가 내 말을 건성으로 듣거나, 장난처럼 대꾸하거나, 한마디도 지지 않으려고 하면 순간 감정이 욱해지는 급발진의 순간이 찾아왔다. 육아휴직 중에 매일 한두 번씩은 다툼이 있었던 것 같고, 이후 재택근무를 할 때도 비슷한 상황이 연출됐다.

처음에는 꾸중으로 시작되었다가 결국 유치한 말다툼으로 이어지곤 했다. 이런 모습을 아내가 목격하면 "당신이 제이랑 같은 나이야? 왜 애랑 똑같이 행동을 하려고 해"라며 정색을 했다. 그러면 얼렁뚱땅 서로 사과하고 상황은 종료되었다.

더 큰 문제는 아내가 없는 상황에서 주로 발생했다. 나와 단 둘이 있을 때 제이가 말대꾸를 하면 굉장히 자존심이 상했다. 그래서 일단 말다툼이 생기면 어떻게든 제이의 말대꾸(제이 입장에서는 합리적인 대답)를 신속히 제압하는 것이 급선무라고 생각했던 것 같다. '이게 다 너 잘되라고 그러는 것'이라는 논리로 무장한 말발과 고성을 동원하여 제이가 잘못을 인정하고 사과하도록 강요했다. 체급이 한참 달라도 다른 아이를 싸움의 상대로 여기고, 코너로 몰아넣고는 억지 반성과 사과를 강요했던 것이다. 그 뒤 시간이 좀 지나면 아빠가 화내서 미안하다고, 앞으로는 잘하자는 식으로 사과인지 2차 공격인지 불분명한 말을 했다.

생각해보면 나의 차가운 말 한마디에서 비롯된 일이었다. 설령 제이가 속을 긁는 말을 해도 일시적인 반응이라고 생각하며, 가급적 좋게좋게 웃으면서 말하면 되는 일이었다. 허나

아무래도 말싸움 비법 채널을 구독하고 있는 것 같다.
'초등학생 말로 제압하는 방법'에 관한 채널은 없나?

'짜증 나도 참아야지' 하다가도 임계점을 넘는 순간 통제불능인 내가 입 밖으로 튀어나왔다. 제이가 내 뜻을 따라주지 않을 때마다 쉽게 불안을 느꼈고, 딸에게 무시당하는 감정을 느꼈던 것 같다. 아빠로서는 해선 안 되는 소통방식이라는 것을 알고 있었으나 쉽게 고쳐지지 않았다. 같은 실수를 반복하는 내가 너무 싫었다. 가끔 제이가 먼저 내게 와서 손 내밀고 사과를 할 때면 쥐구멍에라도 숨고 싶은 심정이었다.

육아휴직이라는 시간을 통해, 그리고 다른 가족들의 고민을 엿보면서 좋은 아빠란 무엇인지, 좋은 부모의 태도는 무엇인지 자주 생각하게 되었다. 그리고 깨달았다. 규칙에 복종하는 말 잘 듣고 착한 아이로, 마치 조련하듯이 제이를 대하던 내 방식은 잘못된 것이라는 사실을. 단지 부모라는 이유로, 나이가 더 많고, 경제적인 책임을 지고 있다고 해서, 부모의 방식대로 생각하고, 말하고, 행동하게 할 권리는 없다는 것을. 이 넓은 세상에서 가족이라는 울타리에서 우연히 만난 개인들이 서로 노력하고, 배려해야 비로소 행복하고 안정적인 공동체를 만들 수 있다는 사실을 말이다. 결정적으로 "가는 말이 고와야 오는 말도 곱다"는 고루한 인생의 조언이 고귀하게

가끔은 내가 훈육을 하는 것인지,
아이에게 짜증을 내는 것인지 헷갈린다.
잊지 말자. "가는 말이 고와야 오는 말이 곱다."

느껴지기도 했다.

　서로 마음이 불편한 상황에서 아이를 일방적으로 억누르거나 그저 시간이 해결해주기만을 기다리며 손을 놓고 있다면 그 관계에는 앙금이 쌓일 것이다. 10년 뒤, 그리고 20년 뒤에는 회복 불가능한 관계가 될 수도 있다.

　이제 나의 다짐을 적어본다. 위압적인 태도나 상처 주는 말은 절대 하지 않기로 한다. 혹여 그런 일이 있다면 대충 얼버무리고 넘어가지 않는다. 항상 아이보다 먼저, 그리고 진심으로 사과한다. 용서나 이해는 상대방의 몫임을 인정한다. 내 아이에게 명령이나 지시가 아닌, 권유나 정중한 요청을 하는 아빠가 되기로 한다.

　물론 열 번에 한두 번쯤은 폭발할 수도 있다.

공포의 피아노 교습소

 휴직을 시작하고 얼마 지나지 않아 제이가 독감에 걸리는 바람에 꼼짝없이 외출 금지를 당했다. 훗날 코로나로 인해 원격 수업이다, 재택 근무다 해서 집콕 생활에 어느 정도 익숙해지긴 했는데, 당시에는 5일 내내 집에만 있어야 한다는 사실만으로도 답답해서 견디기 힘들었다. 아파서 결석한 것이었기 때문에 자습도 어려웠다. 제이는 그냥 놀아야만 했다.
 같이 하는 놀잇거리가 고갈되자 아이디어 하나가 떠올랐다. 제이에게 무언가를 배워보면 어떨까. 제이가 선생님이 되고 나는 학생이 되는 거다. 본인의 장기와 특기를 살려 아빠를 지도하게 해보자 싶었다. 심심하던 차에 잘됐다 싶었는지 제이는 아빠에게 뭘 가르칠지 진지한 고민에 빠졌다. A4 용지에 열 가지가 넘는 아이템을 써 내려가는 모습을 보며 제발 욕심 부리지 말고 하나만 골라 달라고 부탁했다.

일종의 '야자타임'과도 같은 이 아이디어에는 여러 장점이 있다고 생각했다. 우선, 제이의 감춰진 성향을 엿볼 수 있을 것 같았다. 아빠를 가르치는 과정에서 자연스럽게 상대방을 대하는 태도나 참을성을 확인할 수 있을 것이라고 생각했다. 내가 만일 이해를 못하거나 진도를 잘 못 따라올 때는 어떻게 반응하는지도 궁금했다.

가르친다는 것은 그 자체로 제이에게 좋은 공부가 될 것 같았다. 상대방에게 설명하려면 세세한 부분까지 고려하게 되고, 좀 더 쉽게 이해시키기 위해 고민하기 때문이다. 자신이 제대로 이해하고 있는지 다시 돌아보는 과정에서 본인 실력도 덩달아 늘게 되는 효과가 있다.

일단 수업 하나만 정해달라는 요구에 부응하여 제이는 자신이 잘하는 피아노를 가르쳐주겠다며, 자신의 방에 피아노 교습소를 오픈하기로 했다.

내가 공부하는 것을 봐줄 때면, 제이는 왠지 소극적인 모습을 보이고 부끄러움을 많이 탔다. 말끝을 흐리거나 분명 알고 있는데도 말하지 않는 경우가 많았다. 그래서 대체로 어색하거나 험악한 분위기로 끝이 났다. 내가 바란 것은 제이가 모르면 모르는 대로 알면 아는 대로 자신 있게 임하는 것 정도였다. 비단 공부뿐만 아니라, 살면서 필요한 것들을 배워 나갈 때 적극적이고 능동적인 아이가 되길 바라는 마음이었다. 그런 의미에서 자신이 직접 선생님 역할을 하는 피아노교습소는 제이가 주도적으로 무언가를 해볼 수 있는 좋은 기회였다. 아내도 주말에 참여하겠다고 약속했다.

한껏 기대하고 출석한 신제이 피아노 교습소의 첫 수업 시간. 제법 짜임새 있는 준비에 우리는 놀랐다. 수업 계획서와 학생별 진도기록표, 학생증명서(일종의 수강증), 칭찬 스티커와 학생들을 위한 간식 코너까지 마련되어 있었다. 와우! 교재 앞에는 큼지막한 견출지에 쓴 내 이름까지 붙어 있었다. 이렇게 준비가 철저한 선생님이라면 믿고 배울 수 있겠다 싶었다.

기대감 속에 첫 수업이 시작되었고, 지상 최대의 폭군을 만나기까지 5분도 채 걸리지 않았다.

되로 주고, 말로 받는다.
그동안 아빠한테 쌓인 스트레스를 이렇게 푸는 것일까….

"아니, 이렇게 하라고. 5번. 다른 손가락 짚지 말고."

"선생님, 저 계이름도 잘 모르고 피아노 안 쳐봤어요. 진도를 차근차근 나가주세요."

"아니, 이걸 왜 못해. 이렇게 해 보라고!! 아니, 다시. 손가락 번호대로 치라고! 왜 이렇게 말을 안 들어. 엉?"

한 손으로 계이름 하나씩 누르는 일도 부자연스러운 생초보 학생에게 자꾸 두 손 연주곡을 치도록 하는 것까지는 이해할 수 있었다. 그런데 제이는 내가 조금만 실수해도 바로 자리를 뺏고 시범을 보였다. 다시 내가 실수하면 또 질타와 고성이 이어졌다. 그동안 나한테 쌓인 스트레스를 이렇게 푸는 것은 아닌가 싶은 시간이었다. 그리하여 정신없던 첫 수업은 사실상 제이의 독주회로 마무리되었다.

며칠 뒤 엄마도 똑같은 경험을 했고, 우리는 이런 강압적인 수업 방식을 견딜 수 없다며 전면 보이콧을 선언했다. 학생 수준을 감안해서 수업을 진행해줄 것과 소리치거나 화내지 않고 친절하게 대해 달라는 것 등이 요구 조건이었다. 그렇게 공포의 피아노 교습소의 강의는 학생들의 등원 거부와 수업방식 개선 요구로 흐지부지 끝나는 듯싶었다.

한참 뒤 제이는 '피아노 교실 운영방침'이라는 내용을 A4 용지에 적고 우리에게 수업에 복귀할 것을 요구했다. 연필로 똑바로 쓴 종이 위에는 '차근차근 가르쳐주기' '소리 절대 지르지 않기' '못한다고 혼내지 않기' 등의 내용이 담겨 있었다. 수업 일정도 주말에만 하는 것으로 조정되었다.

우리는 웃으면서 수업에 복귀했고, 육아휴직이 끝난 지금도 주말이면 20~30분씩 피아노 교습소에서 가끔씩 수업을 받는다. 신기한 사실은 그때나 지금이나 내 피아노 실력은 한결같다는 것이다. 상관없다. 어차피 피아노는 핑계고, 제이랑 같이 시간을 보내는 것이 목적임을 우리는 모두 알고 있으니까. 나중에 우연히 제이의 일기장에서 엄마 아빠의 피아노 선생님이 되어서 즐거웠다는 내용을 보게 되었을 때 몽글몽글한 행복감이 느껴졌다.

아직도 주말이면 가끔 제이가 방문을 벌컥 열고 소리친다.

"학생, 뭐 하고 있어. 당장 들어와!"

혼자 학교 가는 길

"아빠, 나 학교랑 학원 좀 혼자 다니면 안 돼?"
"혼자 가고 싶어?"
"응. 혼자 갈 수 있어. 우리 집에선 가깝잖아."
"그래. 엄마랑 상의해보자."

제이는 3학년까지 학교나 학원을 혼자 다니지 않았다. 대부분 장모님과 장인어른께서 직접 데려다주셨다. 4학년이 되면 학교와 학원을 혼자서 다니고 싶다고 진작부터 이야기했다. 솔직히 3학년이라면 혼자 못 다닐 이유가 없다고, 과잉보

호라고 생각할지도 모르겠다. 나 역시 4학년에는 이미 등하교 시간 말고도 동네 여기저기를 혼자서 휘젓고 돌아다녔던 기억이 있기 때문에 제이라고 못할 것 없다고 생각했다. 등교하는 아이들의 모습을 살펴보니 1학년쯤 되어 보이는 아이도 혼자 가방도 잘 메고 씩씩하게 잘 다녔다. 같이 등교할 형제, 자매가 있는 경우에는 훨씬 수월해 보였다.

제이의 등하교 독립은 나와 아내가 결정할 수 있는 문제가 아니었다. 어차피 내가 회사에 복귀한 후에 제이는 다시 할머니 집에서 등교를 해야 하기 때문에 장모님과 장인어른의 동의가 우선이었다. 그런데 여쭤볼 필요도 없이 완강하게 거부하실 것이 분명했다.

나라고 해서 걱정이 없는 게 아니었다. 내 경험을 돌이켜보면 더욱 그러하다. 초등학교 1학년 때 학교 앞 건너편 가판 분식점에서 50원에 세 개짜리 야끼만두(군만두)를 팔았다. 조금만 늦으면 줄을 서야 하기 때문에 나는 신호등이 초록불로 바뀌자마자 횡단보도로 뛰어들다가 오토바이에 치이는 사고를 당했다.

그보다 조금 더 어린 나이에는 호빵을 사러 길을 건너다 택시에 치인 적도 있었다. 택시는 나를 치고 그냥 갔다. 지금 생각해보면 영락없는 뺑소니 사고다. 이런 나 때문에 우리 가족들은 가슴 철렁한 적이 한두 번이 아니었다.

내가 얼마나 구잡스러운(우리 엄마가 나의 어린 시절을 묘사할 때 자주 사용하는 표현) 존재였는지 설명하려는 게 아니다. 상황 판단 능력과 돌발상황 대처 능력이 아직은 부족한 어린이들이 혼자 다니는 것이 얼마나 위험한지 어린 시절 나 자신의 경험을 통해 잘 알고 있다는 뜻이다. 제이가 혼자서 등교하는 주택가 골목길에서 언제 갑자기 튀어나올지 모르는 자동차나 오토바이들을 상상하면 쉽게 엄두를 낼 수 없었다.

언젠가는 누구나 스스로 다니게 된다. 그게 언제부터였는지 희미할 정도로 어느 순간 제이도 자연스럽게 해내고 있을 것이다. 단, 12월 31일까지 기어 다니던 아이가 1월 1일에 갑자기 두 발로 자유롭게 걸어 다니지는 못하는 것처럼, 모든 일에는 중간 과정이 필요하다. 서서히 알아가고, 서서히 성취해 나가는 과정 말이다. 아이가 그런 과정을 자연스레 겪을 수 있도록 적절한 시점에 기회를 주는 것이 부모의 역할이 아닐까. 그래서 제이에게 조금씩 혼자 다니는 연습을 시키는 게 좋다고 생각했다.

아내는 물론 장인어른, 장모님 모두 걱정하셨다. 그럼에도 불구하고 제이에게 작은 성취를 조금씩 경험하게 해줄 필요가 있다는 생각이 들었다.

본인도 원하고 집도 가까우니 조금씩 혼자 다니는 연습을 시켜보겠다고 어른들을 설득했고, 아내에게도 동의를 구했다. 내가 근거리에 있는 집에서 대기하고 있으니 급할 때는 바로 뛰어나갈 수도 있다고 안심시켰다.

"제이야, 내일은 학교에 혼자 가봐."
"진짜?"
"아빠가 창문에서 볼게. 도착하면 바로 문자나 전화하고."
"응, 걱정 마."

제이는 매우 신난 표정을 지었고, 다음날 처음 스스로 등하교를 했다. 나는 부스스한 상태로 창문에서 내려다봤다. 제이가 아파트 1층 현관을 나와서 위를 올려다보고 나에게 손을 흔들어주고는 금세 모퉁이로 사라졌다. 혼자서도 잘 가는 제이를 보며 기특하면서도 한편으로는 어느새 내 도움 없이도 해내는 나이가 되었다는 사실이 조금은 섭섭하기도 했다. (밖에 안 나가도 되니 내 몸은 편했다.) 혼자 가는 길 위에서 저 아이는 무슨 생각을 할까 궁금했다.

잠시 뒤 교실에 잘 도착했다고 연락이 왔다. 하굣길엔 "아빠, 나 지금 갈게"라며 전화를 했다. 이런 습관을 잘 만들면 나중에 할머니와 할아버지도 크게 걱정하지 않으실 것 같았다.

어느 정도 익숙해지고 나서는 복잡한 차도를 건너야 하는 학원까지는 내가 데려다주고, 앞 시간 학원이 끝난 뒤 다른 학원으로 이동하는 것을 혼자서 하게 했다. 가끔 잘 도착했다는 연락을 빼먹을 때도 있었으나 대체로 잘했다.

스스로 잘하는 모습을 보면서 그동안 제이를 너무 어리게만 대했던 게 아니었나 싶기도 했다. 4학년이 되면 방과 후 학원 가는 것 정도는 혼자 해도 되겠다는 믿음이 생겼다. 그 와중에도 장모님과 장인어른은 매일같이 걱정을 내비치셨다.

나는 혼자서도 씩씩하게 잘하는 제이를 보면서 '조심해서 잘 다녀와'라고 하는 말의 무게와 진심을 다시 되새겼다. 그리고 마음으로 약속해줬다.

'그래. 아빠 복귀할 때까지는 계속 혼자 다니게 해줄게.'

나의 육아휴직이 끝나자, 할아버지의 에스코트는 다시 시작되었고 4학년 마치는 순간까지 계속되었다. 물론 앞으로 더 하실 가능성도 높은 것 같다. 어쩌면 고3 때까지도?

Chapter 4

여전히 고군분투

시간이 지나도 여전히 서툴다.
집안일과 요리, 육아
어떤 것도 능수능란하게 해내기 어렵다.
익숙해지지 않는 것들과의 동거.

원격 지원을 요함

 잘 굴러가던 일상에 미세한 균열이 생겼다. 처음에는 아무것도 아니라고 생각했다. 금방 해결될 것이라고 생각했다. 그런데 이 균열로 인해 점점 영혼이 빠져나가는 경험을 하고, 아무것도 아닌 일에도 화가 치밀어 올랐다. 다른 일들이 손에 잡히지 않았다. 다른 일을 하더라도 이 문제가 머릿속에서 맴돌았다. 회사에서 잘 진행되던 업무가 보류되었을 때, 턱밑까지 차오르던 답답함 같은 기분이 들었다. 바로, 설거지를 하다 그릇에 접시가 끼어버렸기 때문이다.
 제이를 등교시킨 뒤 집으로 돌아와서 대강 아침 식사를 해결했다. 별거 한 것 같지 않은데도 끼니마다 쌓이는 설거짓거리. 먹는 그릇보다 조리 도구가 더 많다는 것을 깨닫는 시간. 조금만 미루면 더 하기 싫은 게 바로 설거지다. 외식을 싫어하는 편이라 집에서 평소 할 기회가 많았음에도 쉼 없이 설거지를 한다는 게 여간 피곤한 일이 아니었다. 그래도 설거지는 요리에 비하면 쉬운 일이었다.

유튜브 화면을 싱크대 정면에 세워놓고 알고리듬에 의해 자동 재생되는 콘텐츠를 즐기며 설거지를 하고 있었다. 손에서 미끄러져 나온 작은 접시 하나가 밥그릇 안으로 향했다. 잡아 빼려 했으나, 빼려고 할수록 밥그릇 안에서 접시는 평평하게 자리를 잡았다. 이젠 고집스럽게 움직일 기미조차 보이지 않았다. '어쭈, 이것 봐라.' 손톱으로 하면 되겠지 싶어서 넣어 봤는데 이미 일말의 틈도 보이지 않을 정도로 밀착해 있었다. 안 되겠다 싶어서 부엌칼을 그릇과 접시 사이 틈새로 집어넣어 보았다. 역시 무리였다. 내 모든 시도들이 하나같이 접시와 그릇을 더욱 밀착시킬 뿐이었다. 혹시 물을 계속 붓다 보면 틈새에 압력이 생겨서 접시가 분리되겠지 싶어서 한참 수도를 틀어놓고 요리조리 빼보려 했다. 결과는 실패였다.

무슨 짓을 해도 접시는 빠지지 않았다. 그릇에 몸을 맡긴 접시가 날 올려다보면서 비웃고 있었다. 순간 열이 확 올라왔다. 손바닥 크기도 안 되는 접시 하나가 평온했던 아침 시간을 송두리째 흔들어놓았다. 조력자가 필요했다. 설거지를 대충 마쳐놓고 아내에게 사진과 함께 카톡을 날렸다.

- 여보, 접시가 끼었어. ㅜㅜ 어떻게 해?

분명 아내 입장에서는 이런 하찮은 일로 연락하는 것이 황당했을 것이다. 그런데 내 입장에서는 이렇게 중차대한 문제를 아내에게 즉시 알려 해결을 모색해야 했다.

톡을 보내놓고 나니 조금 살 것 같았다. 접시 하나 낀 게 무슨 대수라고 이럴 일인가 싶다가도, 나의 큰 잘못처럼 느껴지기도 했다. 가슴속 어떤 응어리가 답답하게 낀 접시와 상호작용이라도 벌이고 있는 느낌이었다. (지금 생각해보면 일종의 '코로나 블루'였던 거 같다.) 답을 기다리는 시간을 활용해 빨래부터 하고, 제이 방을 정리했다. 그러는 동안 한 번씩 휴대폰을 살폈는데 카톡방의 1은 사라지지 않고 있었다. 바쁜 아내를 괜히 방해한 것만 같아 미안했다.

- ㅋㅋ. 미친다. 접시 위에 물을 담아서 냉동실에 넣어놔.

그리고 잠시 뒤 답장이 왔다. 아내는 '그릇 끼었을 때 분리 방법'이라는 제목의 블로그 포스트를 보내줬다. 읽어 보니 이 블로거의 남편도 나와 같은 상황에 처했고, 기름까지 부었으나 소용 없었다는 웃픈 일화가 등장했다. 어쩐지 그 남편과 동지애가 느껴졌다. 이 블로그에 소개된 방법인즉슨 일단 접시 위에 물을 좀 붓고 냉동실에서 하루 정도 얼린 뒤에, 뜨거운 물이 담긴 냄비에 접시 낀 그릇을 담그는 것이었다. 온도차로 그릇이 팽창하면서 접시를 밀어낸다는 과학적인 원리에 기반한 방법이었다.

블로그에서 알려준 대로 조치를 취하고 난 뒤 헛웃음이 나왔다. 차분하게 앉아서 인터넷을 조금만 뒤져보면 될 것을 이게 무슨 대단한 일이라고 그새를 못 참고 쪼르르 아내에게 SOS 치다니, 나 자신이 부끄러웠다. 그러고 보면 이번 일뿐만이 아니었다. 육아휴직 후에 원격으로 아내를 귀찮게 한 적이 한두 번이 아니다.

- 여보, 마늘 얼린 거 어딨지?

- 여보, 육수팩 어딨지?
- 여보, 제이 장갑 못 봤어?

카톡 대화창을 보니 하루에도 몇 번씩 나도 모르게 업무 중인 아내에게 질문을 던지곤 했다. 짜증이 날 법도 한데 그때마다 웃으면서 친절하게 답해주던 아내는 혹시 속이 부글부글 끓었을까, 아니면 불안했을까? 나중에 꼭 물어봐야겠다.

다행히 다음날 접시는 안전하게 분리되었고, 나는 평온해졌다.

삼시 세끼의 위대함

"북엇국 해놨네? 언제 했어?"
"일어나서. 아침에 따뜻하게 먹으라고. 제이도 먹이고."
"고마워. ㅜㅜ"

7시에 집을 나서야 하는 아내가 새벽부터 일어나서 밥이며, 북엇국까지 모두 해놓고 출근한 날이었다. 업무 스트레스에 겨울 아침 깜깜한 출근길 걱정까지, 신경 써야 할 일이 한두 가지가 아닐 텐데 나와 제이를 위해 정성스레 국을 끓여 놓은 아내의 마음 씀씀이에 감동했다. 고맙고 또 미안했다. 그리고 오늘 아침 메뉴 걱정이 사라졌다는 안도감이 밀려왔다.

텔레비전에서 식단표를 만들어 냉장고에 붙여 놓은 집이 나오면 '어떻게 집에서 저렇게 짜여진 각본대로 먹고 살지?' 싶다. 그때그때 먹고 싶은 음식이 달라지는데, 어떻게 일주일이나 한 달치 식사 계획을 미리 세운단 말인가. 분명 저렇게 해놓고 지키지 못할 것 같았다. 계획은 계획일 뿐이니까.

회사에선 메뉴를 고민할 일이 별로 없었다. 점심시간에는 구내식당에서 A 코스로 갈지 B 코스로 갈지 정하면 그만이었다. 회사 밖으로 나가더라도 발길 닿는 대로 또는 동료들이 선택한 식당으로 이끌려 갔다.

저녁에도 그닥 고민은 없었다. 맞벌이 부부 특성상 회사 근처에서 아내를 만나 같이 저녁을 먹고 귀가하는 경우가 많았다. 혹시 집에서 먹더라도 배달을 시키든지, 아내가 순식간에 만든 요리에 숟가락만 얹으면 되는 일이었다. 삼겹살에 한잔 할지, 광어회에 한잔 할지, 치킨에 한잔 할지 등 선택지는 넘쳐났고, 이것 역시 퇴근길에 즉흥적으로 결정했다. '뭐 먹을지' 고민하는 일은 보통 주말에만 해당되는 것이었고, 그마저도 내가 아닌 아내의 몫이었다.

육아휴직을 시작하면서 상황이 바뀌었다. 이제 '뭐 먹을지'가 아니라 '뭐 먹일지'에 대한 고민이 시작되었다. 그런데 여전히 회사에서 메뉴를 고르듯이, 배달음식을 시키듯이 즉흥적으로 결정하는 습관이 내게 남아 있었다. 참 철없고 대책 없는 생각이었다.

육아휴직 초창기는 제이가 방학하기 전으로, 내 체력과 의욕이 모두 쌩쌩했다. 그때까지는 다소 부산스러워도 식사 준비를 어찌어찌 해결했다. 문제는 방학 기간이었다. 제이가 집에서 아침, 점심까지 모두 먹기 시작하자 내 밑천은 금방 드러났다. 저녁에는 어차피 배달음식이나 우리 집 구원투수인 아내의 요리가 식탁을 구원했다. 그런데 아내가 회식이나 야근이라도 하게 되면 내가 삼시 세끼를 다 챙겨야 했다.

내 요리 메뉴판에는 된장국, 만둣국, 유부초밥, 소시지, 계란후라이 정도밖에 없었다. 한 번 먹고 나면 일정 기간 간격을 둬야 하기 때문에 내가 마련할 수 있는 메뉴는 금세 고갈되었다. 먹고 치우면 바로 또 찾아오는 다음 끼니를 버텨낼 재간이 없었다. 전날 아내가 해둔 국이라도 있으면 아침은 오케이. 문제는 점심 식사였다. 어쩔 수 없이 은근슬쩍 같은 메뉴를 내놓을 수밖에 없었는데, 그때마다 제이의 따가운 눈초리를 피하기 어려웠다. "애미야, 국이 짜구나"보다 더 공포스러운 말, "애비야, 또 이 국이냐?"라는 환청이 들렸다.

상황을 핑계 삼아 자연스럽게 즉석 식품을 찾게 되었다. 주로 급할 때만 해 먹이라는 의미로 아내가 비축해둔 것들이었다. 서서히 냉동 볶음밥, 냉동 짜장면, 소고기 야채죽 같은 비상식량들이 식탁에 등판하는 횟수가 늘어났다. 영양 성분을 일일이 따지는 일은 잠시 접어두고 일단 제이에게 새로운 요리를 선보임으로써 식사 거부 사태만은 면했다.

다행히 요즘 나오는 간편식들은 인스턴트라고 폄하하기엔 완성도가 괜찮은 편이라 하나의 요리로서 손색이 없었다. 허나 그런 음식도 몇 번 먹다 보면 질려서 손이 잘 안 가게 되었다. 그러면 다시 메뉴 고민에 빠질 수밖에 없었다. 사업 계획 짜는 것보다 더 어려운 것이 식단 짜기일 줄이야! 나 어렸을 때 우리 엄마는 간편식도 없이 도대체 삼시 세끼를 어떻게 그렇게 척척 차리셨을까. 오늘은 또 뭘 해 먹이나, 가끔 엄마가 탄식하듯 하던 말을 지금 내가 하고 있다. 식단표를 짜고, 그에 맞춰서 재료를 준비하고, 끼니 때마다 다음 끼니를 미리 준비하는 구내식당의 메커니즘과 이유 있는 성실함에도 저절로 고개가 숙여졌다.

"제이가 요새 집에서만 밥을 먹더니 얼굴이 작아졌네?"
"하하, 그런가요?"
"힘들면 여기 데리고 와서 먹여."

밥도 얻어먹을 겸 처가에 들렀던 날, 장모님께서 제이를 가만히 보시더니 농담처럼 말씀하셨다. 나에 대한 은근한 질타와 연민이 동시에 느껴졌다. 변명하기 힘들었다. 아닌 말로 장모님이 먹일 때와 비교하면 영양 수준과 먹는 양 모두가 나빠졌기 때문이다. 귀한 손녀, 기껏 신경 써서 먹이고 고이 길러놓았더니 사위란 놈이 육아휴직이랍시고 한두 달 만에 애를 못 쓰게 만들어놨다고 말씀하시는 것만 같았다. 앞으로 몇 달을 이렇게 보내야 하는데, 대책이 필요했다.

유튜브 요리 채널들을 보면서 조금씩 따라 해보기로 했다. 우선 냉장고에 재료가 있고, 만들기 쉬워 보이는 요리만 골라서 해봤다. (맛과는 별개로) 생각보다 어렵지 않았다. 문제는 그 이상으로 도약하기 위해서는 더 많은 시간과 노력이 필요하다는 것이었다. 대체 언제 장 보고 재료 손질하고 매번 맛있고도 새로운 음식을 차려낸단 말인가.

수십 년간 차려진 밥상을 먹기만 하던 생활 패턴을 갑자기

제이에게 아침으로 시리얼을 주겠다고 한 약속을 지켰다.
약속을 지키면서도 뭔가 미안했다.
"학교에서 급식 많이 먹고 와."

바꾸는 것은 쉬운 일이 아니었다. 더구나 레시피를 일일이 시청하고 머리로 습득하고 재료를 준비해서 음식을 하는 과정이 만만치가 않았다. 요리하는 데 이렇게까지 많은 시간과 에너지가 쓰이는지 다시 한번 깨닫게 되었다. 그간 고생하신(지금도 고생하시는) 세상의 모든 엄마(혹은 아빠)들에게 고개가 숙여졌다. 콩조림이며 오징어채, 멸치볶음, 김치 같은 밑반찬을 왜 평소에 많이 만들어놓고 조금씩 꺼내 먹는지도 비로소 알게 되었다. 그 모든 것이 밥상을 조금이라도 더 풍성하게 만들기 위한 각고의 노력이었다는 것을, 매번 새로운 음식을 만들다가는 지쳐 쓰러질 수도 있다는 것을 말이다.

"제이야, 어때? 맛있어?"
"응, 내가 좀 더 먹어도 돼?"
"오, 그럼. 더 먹어. 네가 다 먹어."

모처럼 즐겁고 여유롭게 식사를 즐기고 난 뒤, 짜장면과 탕수육 그릇을 조용히 집 밖에 내놓았다. 에이, 모르겠다.

제이사랑회 회장님의 사랑법

나의 부모님, 즉 제이의 할머니 할아버지는 제이를 끔찍이 아끼신다. 여기에 사실상 주양육자 역할을 해주셨던 처가 어르신들까지 양가 조부모님의 무한 사랑 덕분에 제이가 모난 구석 없이 배려심도 많고, 사랑스러운 아이로 성장할 수 있었던 것 같다. 너무 감사하면서도 가끔은 질투가 날 때도 있다.

특히 제이를 아끼는 아버지의 모습을 보면 이분이 내가 알고 있는 아버지가 맞나 싶은 경우가 종종 있다. 어린 시절 내 기억 속의 아버지는 무뚝뚝하고 말씀이 별로 없으셨다. 내가 누나에게 대들면 유독 나만 무섭게 혼내셨다. 그래서 우리 집에서 내 편은 엄마뿐이라고 생각했던 시절도 있었다. 다 철없던 시절의 이야기다.

제이를 만날 때면 아버지는 친절한 어린이집 선생님이 된다. 도무지 아버지의 입에서 나오는 발성이라고 상상하기 힘든 애교 섞인 목소리로 제이에게 말을 건넨다. 손녀 눈높이에 맞춰서 대화를 나누고, 목소리의 톤을 맞추고, 제이의 말에 귀 기울여주는 아버지의 모습이 흥미롭고, 또 신기하다. 자식들에게 미처 다 주지 못했던 사랑을 손녀딸에게 베푸시는 것만 같다.

그런 내리사랑 덕분에 제이 역시 자신의 요구를 무한대로 들어주는 할아버지를 너무 좋아하고 잘 따른다. 둘이서 뽀뽀하고 바둑도 두고 할아버지 등에 업혀 이리로 가라, 저리로 가라 온갖 명령을 해대는 제이와 그 명령에 복종하는 할아버지의 모습을 보면 웃음이 난다.

등산을 좋아하는 아버지의 배낭에는 '제이사랑'이라고 궁서체로 인쇄된 리본이 매달려 있다. 어딘가에 부탁해 맞춤 제작한 리본이다. 자칭 제이사랑회 회장인 아버지는 산에 가실 때마다 정상에서 그 리본이 달린 가방과 함께 셀카를 찍어 가족 단톡방에 올리시는데, 그 모습이 민망하면서도 꽤 귀엽기

'제이사랑'이라고 적힌
아버지의 등산가방에 달린 리본을 보고 있노라면
이분이 내가 아는 우리 아버지가 맞나 싶다.

까지 하다. 실제 동행은 못해도 그렇게라도 손녀에게 아름다운 풍경을 보여주고 싶은 할아버지만의 리추얼이다. 새해 해돋이를 보러 가셔도 반드시 '제이사랑'과 함께다. 카톡 프로필도 제이와 함께 찍은 사진이고, 틈 날 때마다 제이의 사진과 동영상을 보시며 미소짓고 계신다. 할아버지가 제이를 부르는 공식 호칭은 '이쁜 공주님'이다. 이토록 일편단심 '제이바라기'가 되어 끝없는 사랑을 주시는 제이사랑회 회장님에게도 아픈 과거가 있었다.

제이가 태어난 지 8개월쯤 되었을 무렵. 장모님께서 갑자기 수술을 받게 되셔서 당분간 제이를 돌봐주실 수가 없었다. 아내는 병원에서 장모님 간병을 해야 했고, 나는 휴가를 쓰기에 여의치 않은 상황이었다. 말 그대로 육아 공백이 발생했다. 그래서 제이를 나의 부모님께 사흘 정도 맡아달라 부탁드렸고, 엄마는 걱정 말고 얼른 데리고 오라고 하셨다. 당시 제이는 두 발로 걸으면 사람이란 사실 정도는 깨우친 것 같았으나, 누가 누구인지는 정확히 알지 못하는 시기였다.

제이를 조심스럽게 카시트에 눕혀서 아내와 함께 본가로 향했다. 비록 잠시 동안이라고는 하나 근 35년 만에 처음으로 갓난아기를 돌봐야 하는 엄마의 표정은 내심 긴장으로 가득 차 있었다. 그러면서도 엄마는 "아무 걱정하지 마라. 내가 아기 돌보는 데는 선수다" 하시면서 우리 부부를 안심시키려 노력하셨다. 아내와 나는 엄마에게 젖병 씻고 소독하는 방법과 분유 타는 방법, 언제 먹여야 하는지, 기저귀 교체 타이밍과 처리 방법 등과 같은 것들을 설명해드렸다. 걱정 말라고 호언장담하던 엄마도 꽤 진지하게 우리의 설명을 들으셨다. 그러는 사이에 아버지가 퇴근을 하시고 집에 오셨다.

"아유~ 우리 이쁜 공주 왔구나!"

아버지가 손을 씻고 환한 미소를 지으며 제이를 안아주러 다가오셨다. 우리도 자연스럽게 엎드려 있던 제이를 안아서 아버지 품에 안겨드리려고 했다. 그런데 아버지와 눈이 마주치자 제이가 갑자기 까무러치게 울기 시작하는 것이 아닌가. 마치 세상 못 볼 것이라도 본 것처럼 겁에 질려 피하고 급기야 절규하는 수준에 이르렀다. 아내와 나는 열심히 제이를 어르고 달래봤으나 전혀 안정이 되지 않았다.

아버지는 머쓱해하셨고, 그토록 보고 싶어하던 손녀인데

도 제이 곁으로는 다가오지도 못하셨다. 우리는 제이가 안정될 때까지 기다렸다가 떠날 채비를 하려고 했다. 제이의 안정을 위해 아버지가 다른 방으로 피하고 가까이 다가오지 않았는데도, 한집에 있다는 사실을 알고 있다는 듯이 제이의 울음은 그칠 줄을 몰랐다. 갑자기 낯선 환경에 오게 되어서 그런 것 같다고 멋쩍게 웃으면서 좀 더 기다렸다.

그러나 우리의 바람과는 달리 제이는 결국 울음을 그치지 않았다. 끈질긴 녀석. 실컷 준비해간 아기 용품을 그대로 다시 싸서 제이와 함께 집으로 돌아와야 했다. 아마도 '엄마 아빠가 나를 여기에 두고 그냥 가려나 보다' 직감해서 그랬을까? 당시 제이의 감정을 알 길은 없으나, 그 일은 두고두고 우리의 기억 속에 해프닝으로 남아 있다. 그런 문전박대에도 불구하고 제이를 향한 할아버지의 사랑은 날로 커질 뿐이었고, 조금 크자 언제 그랬냐는 듯 제이는 할아버지에게 안겨 까르르 웃고 놀기 시작했다.

아이 한 명을 키우려면 온 마을이 필요하다는 말이 있다. 직접 아이를 낳아 길러 보니 그 말의 뜻을 실감한다. 무한한 사랑과 정성으로 제이의 건강한 성장을 도와주신 양가 어르신들이 부디 오래오래 건강하시길 진심으로 소망한다.

을지로 회식왕의 주부 우울증

- 저녁 회식 장소 추천 좀 해줄 수 있어?
- 물론이지. 인원과 모임 성격을 알려주세요.
- 응. 4명. 회사 사람들 번개.

지루했는데 때마침 심장을 뛰게 하는 메시지가 도착했다. 대략 15년 동안 을지로에서 회식 장소 좀 섭외해봤다는 이유로 수시로 내게 카톡으로 도움을 요청하는 사람이 하나 있다. 나를 "을지로 회식왕"이라 불러주는 그분, 바로 아내다.

번개 모임을 할 경우 신속한 장소 선정이 가장 중요하다는 것쯤은 직장인이라면 공감할 것이다. 어설프게 아무데나 가자고 했다가는 정말 아무것도 아닌 저녁 시간이 될 수 있다. 을지로 회식왕으로서 그것은 용납할 수 없는 전개다.

지금부터는 고도의 집중력과 순발력이 요구되는 시간이다. 당일 아내 모임의 호스트가 누군지, 참석자의 성별과 연령대는 어떠한지 인구통계학적 정보를 간단히 수집한 뒤, 한/중/일/퓨전 등 다양한 후보 장소들을 탐색한다. 다년간 지도 어플에 등록해놓은 을지로, 종로 일대 100여 군데의 '내돈내먹'(내 돈 주고 내가 먹고 왔던) 맛집들을 신속히 스캔한 뒤 2~3개 정도로 압축하여 아내에게 전송한다. 오늘은 아내 회사에서 걸어갈 수 있는 인사동의 한 고깃집이 당첨되었다. 회식 장소 선정을 배후에서 지원하고, 탁월한 선택이었다는 격려의 화답을 받고 나자 그렇게 기분이 좋을 수가 없었다.

이렇게까지 오도방정을 떠는 데는 여러 이유가 있다. 아내는 내가 육아휴직을 고민할 때 적극적으로 먼저 등 떠밀어주고 응원해주었다. 휴직을 시작한 이후에도 회사 업무를 하는 가운데 틈틈이 아침, 점심은 잘 챙겨 먹었는지 (또는 먹였는지) 물어봤고, 나와 제이가 끼니를 대충 때울까 봐 수시로 냉장고에 먹거리를 채워줬다. 혹시 재료를 못 찾을까 봐서 재료 위치까지 친절하게 알려주곤 했다. 새벽같이 일어나 아침밥까지 해두고 간 적도 여러 번이었다. 어디 아침밥뿐일까. 퇴근하고 오자마자 셰프가 되어 나와 제이의 부족한 영양을 채워주고, 잃어버린 미각을 회복시켜주었다. 그런 아내에게 늘 감사했다. 그래서 내가 도움 줄 수 있는 것은 뭐라도 하고 싶었다.

집에 있는 시간이 길어지다 보니 외로움과 답답함 같은 감정들이 복합적으로 나타났다. 그러면 아내를 귀찮게 했다. 특별히 할 이야기가 없는데도, 사소한 문제들을 핑계 삼아 수시로 연락했다. 택배가 왔다거나, 오래된 책을 정리하기로 마음먹었다거나 등 어찌 보면 집에서 말해도 되는 것들이었다. 아내의 대답을 바랐다기보다는 외롭다는 느낌을 지우고 싶어서 한 행동이었던 것 같다. 다행히 아내는 나의 일상 톡을 거르지 않고 응답해주었다. 그러다가도 내가 보낸 톡에서 숫자 1이 금방 사라지지 않으면 괜히 조바심이 나기도 했다.

"자기야, 욕실이 좀 지저분하더라. 청소 좀 깨끗하게 해야 할 것 같아."
"내가 수시로 하는데? 왜 자기가 해."

"세정제 있어. 그거 뿌려서 해야 해. 곰팡이 생겨."
"자주 하는데 자기가 못 봤나 보네."

휴일 아침, 아내가 욕실 청소를 하고 나와서 지나가는 말을 한마디 했다. 그런데 그게 가슴에 세게 꽂혔다. 아내는 단지 지저분하면 그때그때 본 사람이 청소를 하자는 취지로 말한 것인데 내 귀에는 '당신, 도대체 집에서 뭐 하길래 욕실이 이렇게 더러워?'로 제 맘대로 번역되어서 들렸다.

순간 욱하는 마음에 내가 알아서 잘 챙길 테니 지저분해 보이면 직접 하지 말고, 내게 알려달라고 다소 신경질적으로 답했다. 그 뒤로도 몇 번 비슷한 일로 옥신각신하는 일이 있었는데, 대부분 비슷한 흐름이었다. 특별히 내가 잘못했다고 말한 것도 아닌데, 왠지 질타를 받는 기분이 들었다. 내가 집에 있으니 모든 일이 내 책임 같았다. 일종의 과잉 반응과 강박 증세 같았다.

'주부 우울증인가?'

그런 기사를 심심치 않게 접했다. 주로 영유아 육아를 하는 주부들이 하루 종일 아이들과 씨름하면서 심신이 지쳐 불안감과 혼란을 겪는다는 것이다. 스트레스가 심해지면 부부간의 불화는 물론이고, 심각하면 극단적 선택으로까지 이어진다는 뉴스도 종종 봤다. 정도의 차이는 있어도 비슷한 증세가 내게도 나타난 게 분명했다. 그러나 자발적으로 뛰어든 육아 생활에 우울감을 느낀다는 것은 내 선택을 배신하는 행동 같았다. 아내는 이런 내 감정 상태를 귀신같이 알아챘다.

"요새 스트레스 많아?"
"아니, 코로나 때문이겠지. 다들 힘들잖아."
"혹시… 복귀할 날이 가까워져서 그런 건 아니고?"
"아, 말하지 마. 날짜 헤아리게 되잖아."
"힘내 여보. 우리 커피나 한 잔 할까?"

아내의 말에 기꺼이 커피를 내리면서 생각했다. 어쩌면 지금 이 불안함이 주부 우울증이 아니라, 회사 복귀 기피증은 아닐까.

두더지 게임 같은 집안일

1.
제이의 생일을 맞아 처가 식구들을 초대했다. 식사 후 디저트를 먹으면서 형님들과 따로 식탁에서 남자들만의 여담을 즐겼다.

"오, 형님. 이번에 바꾸신 거예요?"
"아뇨. 아직이요. 바꿀 때가 된 것 같아서 보고 있어요."
"이거 어때요? 좀 크긴 한데 힘 좋고, 코너링 부드럽고, 디자인 굿."

"와, 좋은데요. 얼마예요?"

"한 세 장 정도 할 걸요?"

"그 정도면 괜찮은데요!"

이 대화의 주제는 자동차가 아닌 로봇 청소기였다. 아내의 오빠들도 나와 비슷하게 손 안 데고 코 풀 수 있는 로봇 청소기에 관심이 많았다. 우리는 차를 마시면서 주거니 받거니 로봇 청소기에 대한 정보를 공유했다. 장모님과 아내, 그리고 아주머님들이 우리를 신기한 표정으로 바라봤다.

2.

아침 해가 좋다고 누가 그랬던가. 집안으로 햇살이 비추기 시작하면 바닥이며 가구 곳곳에 쌓인 먼지들이 노골적으로 드러난다. 저걸 모른 척하면 제이가 먼지 위에서 종일 비비며 노는 거다. 그런데 좀 낙천적으로 생각해보자. 어차피 치우고 나면 금세 먼지는 다시 쌓인다. 청소 하나만 제대로 하려고 해도 하루가 다 간다. 마냥 붙잡고 있을 시간이 없다. 특정한 공간만 깨끗하게 하든지, 일정한 수준만 유지하든지 정해야 한다. 집안일에는 적당한 타협이 필요하다.

육아휴직 전에는 주말 외에는 청소를 할 시간적 여유가 없었다. 밀대로 쓱쓱 바닥에 보이는 머리카락과 먼지를 수거하는 게 전부였다. 조명을 켜면 먼지들은 조용히 자취를 감춘다. 우리 집에서는 백색 등은 켜지 않고, 간접 등과 스탠드 등만 사용하는데, 아늑한 분위기 조성도 되고 먼지를 가리는 효과도 있다. 어차피 치워도 치워도 계속 생기는 거면 눈에라도 적게 띄는 게 낫다.

3.
청소는 그나마 간단하고 단순하다. 먼지와 쓰레기를 치우고 묵은 때를 벗겨내면 된다. 오히려 스트레스가 해소되기도 한다. 더 큰 문제는 눈을 똑바로 뜨고 보면 여기저기 보수해야 할 하자들이 산재해 있다는 거다. 처음 눈에 띄었을 때, 처음 고장이 났을 때 해결했으면 되었을 일들이다. 아마도 일을 미루는 습관은 모든 인류가 지닌 진화의 유산이 아닐까.

밀린 집안일을 하는 것은 두더지 게임과도 같다. 하나를 때리면 금세 다른 하나가 튀어나오고, 숨 돌릴 틈 없이 또 하나가 튀어나온다. 동전을 넣지 않으면 나올 일 없는 게임기 속 두더지처럼, 방치하면 끝을 알 수 없는 그런 일들이 있다.

오늘은 유달리 천장의 핀 조명 네 개 중 두 개가 나간 풍경이 지나치게 거슬리는 날이었다. 이 집으로 이사 오고 얼마 뒤에 핀 조명이 나갔었다. 새 전구를 사서 교체해봤는데 며칠 켜지더니 다시 나가버렸다. 핀 조명이 전기요금 폭탄의 주범이라는 이야기를 듣기도 했고, 별로 불편하지도 않았기에 그냥 두었다. 그렇게 2년 가까이 지나버린 것이다. 사실 하나에 5천 원짜리 안정기만 교체하면 끝나는 일이었다. 핀 조명에도 천장 안쪽에 안정기라는 것이 있다는 사실을 알게 된 것도 얼마 되지 않았다. 그래서 오늘은 이 두더지 게임에서 한 마리를 반드시 잡고 가자는 심정으로, 철물점으로 달려가서 안정기를 사왔다. 유튜브와 블로그에서 교체 방법을 찾아가며 나름의 우여곡절을 거친 뒤 교체에 성공했다. 아내의 퇴근만을 기다렸다.

"짠 – 여보, 밝아졌지?"
"어, 그러네? 등 갈았어?"
"내가 안정기를 교체했어. 나 잘했지?"
"와, 대단하네. 이게 몇 년 만이야?"

천장 핀 조명이 나간 지 2년 만에 안정기를 교체했다.
육아휴직을 하고 나서 가장 잘한 일 중 하나다.

저 상태로 2년을 그대로 두고 살았던 나 자신이 참 한심하다는 생각이 들면서도, 아내에게 칭찬과 인정을 받고 나니 그게 뭐라고 흐뭇했다. 기왕 탄력 받았으니 회사 복귀하고 나면 분명 또 장기간 방치되고 말 일들을 미리 찾아내서 하나라도 더 해결하고 싶어졌다.

두 번째 게임은 화장실 벽걸이장 문짝을 고치는 일이었다. 역시나 이사 온 지 얼마 되지 않아 발생했던 하자이다. 무슨 연유인지 화장실 문짝에 달려 있던 거울이 떨어져 나갔는데, 제이가 다칠까 봐서 아예 문짝을 떼놓고 고쳐야지 고쳐야지 벼른 세월만 벌써 1년이다. 신기하게 수리하자고 마음먹자마자 자연스럽게 몸부터 움직여졌다. 같은 동네에 사는 큰형님(아내의 오빠) 댁에서 실리콘 건과 접착제를 빌려와 수리를 마쳤다. 벼르고 벼르던 작업이 30분도 안 되어 마무리되니 약간 허탈했다.

묵은 하자를 수리하면서 다시금 깨달았다. 눈에 보이는 즉시 손대지 않으면 하자는 자연스레 집안의 풍경이 되고 만다는 사실을. 바쁘고 정신 없다는 핑계에 태생적인 게으름이 더해져서 오래 묵혀 왔던 일을 이렇게 하나하나 해낼 수 있는 이 시간에 감사했다. 아마 육아휴직을 쓰지 않았더라면 이사 나갈 때까지 문짝은 끝내 방치되었을 것이다.

 머리가 복잡하면 몸을 움직이는 게 좋다. 가만히 천장을 바라보거나 영혼 없이 스마트폰을 쳐다보고 있는 건 도움이 안 된다. 머릿속으로 오만 동네를 싸돌아다니다 보면 더 깊은 심연으로 빠져든다. 차라리 진땀을 빼면서 욕실 묵은 때라도 청소하고 나면 가슴에 맺혀 있던 스트레스가 걷히면서 묘한 쾌감마저 느낀다. 그래, 긍정적으로 생각하자. '청소는 즐거운 게임이다.' 내 정신이 승리하는 순간이다.
 아내에게 사진을 찍어 보내고 여유롭게 커피를 내려 소파에 편히 앉아 방금 전 도착한 메시지를 확인했다.

 - 여보, 기왕 하는 거 베란다 청소도 부탁해.

아빠의 복근

내가 아무리 오직 제이만을 위한 육아휴직이라고 생각하더라도, 제이 입장에서는 오직 아빠만을 위한 하루하루를 보낼 이유가 전혀 없었다. 제이에게는 제이 나름의 생활이 있었다. 학교를 가야 했고, 학원을 가야 했고, 가끔 친구도 만나서 놀아야 했다. 아이의 시간을 내가 독점할 수는 없었다. (다행히 육아휴직 전부터 그런 기대치를 낮춰주었기 때문에 특별히 섭섭하지는 않았다.) 나는 나대로 제이의 식사 준비며 집안일에 바빴고, 중간중간 시간을 쪼개서 개인적으로 쓰는 것이 쉽지 않다는 것을 일찌감치 깨달았다.

의욕적이었던 처음과는 달리, 쉽게 게으름과 무기력에 빠졌다. 어찌어찌 제이를 학교에 보내고 나면 이내 축 늘어졌다. 텔레비전 보다가 살짝 잠이 들고 화들짝 놀라서 깨면 벌써 12시가 되어 있었다. 조금만 쉬겠다고 생각했는데 시간은 왜 또 그렇게 빨리 가는지.

예전부터 나는 참 잠이 많았다. 중학생 때 현관문을 잠가 놓고 낮잠을 자는 바람에 누나가 집에 들어오지 못해 내게 분노했던 기억이 생생하다. 누나의 증언에 따르면 그런 적이 한두 번이 아니라고 한다. 자대 배치 다음날 선임병이 날 깨워줬던 일은 아직도 아찔하다.

살면서 많은 것들을 극복해왔음에도 불구하고 잠은 아직도 내게는 신의 영역이다. 가끔 제이가 학교를 가지 않는 날 아침 10시나 11시까지 곤히 자고 있을 때면 '피는 속일 수 없군' 생각이 든다. 아무튼 나쁜 습관이 다시 고개를 들었다. 이를 악물고 일어났다가도 이내 기운이 빠져서 시간을 허비하는 일이 잦아졌다. 지루함과 지침이 만들어낸 시너지랄까. 하루는 왜 이렇게 순식간에 끝나는지. 시간이 껑충껑충 뛰어 지나가는 게 몸으로 느껴졌다.

"당신도 규칙적으로 외출을 해봐. 어딘가 정기적으로 갈 곳이 있으면 좋을 것 같은데. 헬스클럽 가서 운동을 해보는 것은 어때?"

쉽게 게을러지는 내 스타일을 누구보다 잘 아는 아내가 제안했다. 육아휴직 전부터 아내는 내게 미리 큰 계획을 몇 개 세워보라고 했었다. 제이랑 단둘이 멀리 여행을 다녀오라고도 했었는데 내가 거부했다. 너무나 사랑하는 내 딸과 낯선 곳에서 하루 종일 지내야 하는 일이 엄두가 나지 않았고, 아내를 혼자만 두고 가는 것도 내키지 않았다. 가더라도 여행은 나중에 가면 된다고 생각했다. (아내의 조언을 그렇게 흘려 듣는 게 아니었는데…. 누군들 알았을까. 코로나라는 게 올 줄을!) 아무튼 아내는 제이와 집안일에만 너무 매달리지 말라고 조언했다. 시간을 잘 쪼개면 할 일이 넘쳐날 것이라고 했다.

아내의 조언대로 운동을 하기로 결심했다. 육아를 잘하려면 우선 내가 건강해야 하니까. 지난 여름, 다이어트에 나름 성공했다가 다시 요요 현상이 왔다. 그래서 제이가 학교나 학원 간 사이에 틈을 내서 한 시간씩만 걷고 오자 싶었다. 곧바로 헬스클럽을 방문해서 회원 가입 신청서를 쓰려는데, 무료로 PT(Personal Training, 피티, 개인 훈련) 수업을 두 번 받을 수 있다고 했다. (알고 보면 미끼 상품인데, 애초부터 PT 수업을 생각하고 있었다면 일종의 보너스 수업인 셈이다.) 얼씨구나 싶어서 두 번의 무료 트레이닝을 받았다.

생전 처음으로 받아보는 PT는 생각보다 짜릿한 경험이었다. 단순히 걷고 뛰는 것 외에 몸의 근육들을 자극하고, 한계를 체험하는 것 자체가 신선한 도전이었다. 운동이 끝난 날 저녁과 다음날까지 이어지는 근육통은 단순한 통증이 아니라 몸이 만들어지는 증거라고 생각했다. 무료 트레이닝을 마치고 정신을 차려 보니 별다른 고민 없이 25회짜리 PT 수업 계약서를 쓰고 있었다.

직장인들이 새벽 운동을 마치고 난 뒤 썰물처럼 빠져나간 헬스클럽은 한산했다. 지금부터는 오전에 여유로운 중년의 남녀들이 개인 운동에 집중하는 시간이었다. 집안일을 할 시간에 근력 운동을 하고 있자니, 잠시 휴가를 온 느낌이었다.

몇 차례 수업 후 내가 곧잘 따라오자 트레이너가 흐뭇해하며 운동 강도를 높였다. 다음날부터 사흘 동안 팔도 못 펴고 다녔다. 아내가 이젠 나이를 생각해야 한다며 너무 진지하게 하지는 말라고 당부했다. 언젠가 하루 운동하고 일주일을 누

가족의 행복만큼 중요한 우리의 건강.
육아를 잘하려면 우선 내가 건강해야 한다.

워 있어야 한다는 연예인의 이야기를 보면서 과장이 심하다고 생각했는데 그 말이 무슨 뜻인지 내 몸으로 깨닫는 순간이었다. '난 적당한 체력관리를 위해서 운동하는 거야'라며 다시 마음을 다잡았다. 규칙적으로 운동을 하고 돌아오면 정말 상쾌했다. 확실히 그날은 몸도 더 가뿐하고, 제이에게도 밝게 대하는 내 모습을 발견할 수 있었다. '아, 이래서 몸을 쓰는 운동이 필요하구나.' 스쿼트 한 번, 런지 한 번에 집중하다 보면 다른 생각에 빠질 겨를이 없었다. 금상첨화로 복근도 약간 생긴 것 같았다. 학원에 다녀온 제이에게 간식을 주고, 아빠 어디 변한 데 없냐며 있는 힘껏 자세를 취했다.

"오, 배가 더 나왔는데?!"

제이의 다정한 밤 편지

"이거 실화냐. 벌써 여섯 시라니."
"미안, 여보."
"뭐가?"
"나는 안 나가잖아."
"뭐래. 내일 많이 춥다는데 걱정이네."

세상 모든 직장인들이 이유 있게 가슴이 답답해지는 일요일 오후. 코로나로 인해 집에만 갇혀 있느라 소중한 주말이 훌쩍 지나갔다. 연이틀 늦잠을 잤고, 특별히 한 것도 없는데 어영부영 벌써 주말이 다 가고 해가 뉘엿뉘엿 넘어갔다. 많은 것들이 멈췄어도 새로운 월요일은 또 어김없이 다가온다. 여전히 어른들은 회사 가기가 싫고, 아이들은 학교 가기가 싫다. 나는 육아휴직 중이라 출근 부담이 없어서 좋긴 한데 가족들 앞에서 내색할 수는 없었다. 아침 일찍 출근할 아내에게 미안해서 몇 마디 하는데 옆에서 텔레비전을 보고 있던 제이가 참견했다.

"아빠, 혼자 논다고 자랑하는 거야?"
"넌 학교 안 가고 온라인 클래스 하잖아."
"나도 피곤하거든?"

- 여보, 이거 너무 감동이지?

다음날, 출근한 아내에게서 도착한 메시지에는 포스트잇에 또박또박 써 내려간 손편지, 화장대 의자 위에 가지런히 올려진 옷과 목도리 사진이 담겨 있었다. 다 제이의 작품이었다.

"to. 엄마, 일어났구먼.

오늘이 월요일이라 많이 힘들지?

그래도 오늘 많이 힘내.

사랑해, 제이가."

추울 것 같다는 엄마의 이야기를 기억하고 아무도 몰래 엄마 옷과 목도리를 코디해주고 손편지까지 남겨주다니. 너무 귀엽고 사랑스러운 제이의 마음이 고스란히 느껴지는 순간이었다.

- 와, 자기 좋겠네. 언제 쓴 거지?
- 우리 자는 사이에 몰래 와서 썼대.
- 옷은 또 뭐야?
- 어제 일기예보 보고 직접 골랐대.

보통 우리 가족의 겨울 일상은 어둠에서 시작해서 어둠으로 끝났다. 퇴근 후 아내와 함께 제이를 데리고 오면 어느새 컴컴한 밤이었고, 새벽에 출근할 때도 여전히 어두웠다. 대개의 맞벌이 가정처럼 잠자는 시간을 제외하면 평일에 가족이 함께하는 시간이 늘 부족했다.

제이가 아직 왜 엄마와 아빠 둘 다 회사에 가야 하는지 납득하기 어려웠던 미취학 아동일 때부터 우리 부부에게는 작은 습관이 있었다. 할머니 집과 우리 집을 넘나드는 두 집 생활을 하는 제이는 집에 오더라도 엄마 아빠와는 길어야 한두 시간 놀다가 바로 잠자리에 들어야 했다. 그러니 제이는 자기 집이 마치 기숙사처럼 느껴졌을 것이다. 이런 생활을 할지라도 외로움이나 공백감이 제이의 마음속에서 싹트지 않길 바랐다. 혹시라도 그런 마음이 생긴다면 빠르게 지워주고 싶었다. 그래서 아내와 나는 수시로 포스트잇이나 메모지에 간단한 손편지를 써서 방 여기저기에 붙여놓곤 했다. 손편지에는 '사랑해' '행복한 하루 보내자' '밥 잘 먹고' 등과 같은 일상의 메시지와 가벼운 잔소리를 적었다. 제이는 그런 편지를 받고 때로는 좋아했고, 때로는 심드렁해했다.

육아휴직 이후 아빠와 보내는 시간이 상대적으로 많아지니 제이는 엄마가 혼자 외롭겠다고 생각했던 것 같다. 그래서 종종 퇴근 전이나, 자는 사이에 엄마 화장대 거울 앞에 깨알같이 적은 사랑 고백을 남겨두거나, 옷장 속에 몰래 아침 인사를 숨겨두기 시작했다. 제이를 보듬기 위해 시작했던 행동이 우

제이에게 손편지를 받는 순간
마음이 뭉클 빛나는 순간.

리에게 되돌아오는 모습에 뭉클했다. 우리 제이, 넌 정말 효녀다 효녀!

"제이야, 아빠도 편지 받고 싶은데…."
"아빠는 출근 안 하잖아."
"으응…. (참으로 정확한 딸이다.)"

한참 뒤, 회사에 복귀한 지 3주쯤 지난 밤이었다. 친구들과 회사 근처에서 모처럼 술 한잔 하고 집에 돌아와 보니 밤 11시였다. 먼저 퇴근한 아내가 제이를 데리고 집에 왔고, 둘은 이미 깊은 잠에 빠져 있을 시간이었다. 현관문을 조심스레 닫고 들어오는데 A4 용지에 큼지막하게 적은 제이의 손편지가 날 반겨주었다.

"아빠, 피곤하지? 잘 자. 사랑해.
나 먼저 잘게.
이건 아빠가 떼어서 가져. 안녕."

다행히 내게도 지분이 있었다.

Chapter 5

비긴 어게인

어느새 육아휴직이 끝나간다.
곧 현실로 복귀해야 한다.

복직 후 묘한 자유를 느낀다.
그동안의 회사생활도 다시 돌아보게 되고,
제이가 좀 더 내게 가까이 다가온 느낌이다.

기로에 서서

아직도 그날의 기억이 생생하다.

설날 부모님 댁에서 뉴스를 보고 있었다. 화면에는 연휴를 맞이해 분주한 인천공항이 비춰지고 있었는데 어딘지 모르게 불안해 보였다. 중국의 어떤 도시에서 바이러스가 발생하고 있다는 소식이었다. 몇 년 전 메르스 사태 때 비슷한 경험을 했던 터라 손 잘 씻고 다니면 되겠지 싶었다. 환자들이 병원에 잘 격리되어 있다면 대규모로 퍼지지 않을 것이라고 생각했다. 육아휴직의 절반 가량이 지나던 시점이었다.

그런데 상황이 하루하루 심각해졌다. 국내에도 바이러스

에 감염된 사람이 나타나자 온 나라가 발칵 뒤집혔다. 감염자에게 순번을 매기고, 누구와 어디서 만났는지와 같은 사생활이 언론에 샅샅이 공개되었다. 안전할 것 같았던 미국과 유럽 등의 나라에서도 환자가 속출하였다. 그러다가 세계보건기구에서 '코로나19'라는 정식 명칭을 달아주자 우리나라에서도 갑자기 환자수가 급증하였다.

회사에도 재택근무가 시작되었다는 소식이 들려왔다. 개학은 연기되었고, 학원은 잠시 문을 닫기도 했다. 개학이 연기되는 바람에 개학 후 한 달간 제이의 새 학년 적응을 돕겠다는 약속은 지킬 수 없었다. 그렇게 마스크를 쓴 채로 봄을 맞이했고, 회사에서 메일 한 통이 날아왔다.

- (중요) 복직 신청 안내 드립니다.

예정대로 복직을 하려면 복직일로부터 1개월에서 1주일 이내에 복직 신청을 하고 승인을 받으라는 인사팀의 안내 메일이었다. 메일을 받고 나니 '이런 상황에 지금 복귀하는 게 맞을까?' 싶었다.

"여보, 나 휴직 연장할까? 몇 개월만이라도."
"왜? 연장이 된대?"
"아니, 물어봐야 해."
"글쎄. 일단 휴직 연장이 되는지부터 알아보는 게 좋겠다."

제이가 바이러스에 노출되지 않도록 더 보호해줘야 할 것 같았고 육아휴직이 흐지부지 끝나는 것이 아쉬웠다. 하여 기간이 조금 더 필요하고 생각했다. (그때만 해도 바이러스의 창궐이 몇 달 안에 끝날 줄 알았다.) 집에서 오래 생활하다 보니 코로나에 대한 두려움이 다른 사람들보다 월등히 컸다. 왠지 출근하면 나부터 곧바로 감염될 것만 같았다. 시간이 지나면서 사람들은 조금씩 무뎌지고 있었던 것과 달리, 나의 공포심은 점점 커지고 있었다.

처음부터 휴직계를 1년 내고 중간에 복직을 하는 방식을 택했더라면 이런 고민은 안 했을 터였다. 아마 1년을 쓴다고 하면 회사에서 불이익을 받을지도 모른다는 불안감이 있었고, 이런 바이러스의 시대를 예상할 수도 없었으니 이전의 내 결정을 탓할 수도 없었다. (육아휴직을 계획하고 계신다면 일찍 복귀하더라도 반드시 최대한 길게 신청하시길 권합니다. 무슨 일이 일어날지 알 수 없는 인생이잖아요.)

이런 고민과는 별개로 휴직 연장이 가능한지부터 확인해 봐야 했다. 인사팀 담당자에게 메일을 보냈다. 코로나 핑계를 구구절절 써 내려갔다가 다 지워버리고, 담백하게 연장을 할 수 있는지 물었다. 얼마 뒤 "현재 사용 중인 육아휴직 기간을 연장할 수 있으며, 육아휴직 급여도 계속 받을 수 있게 신청 가능하다"는 답변 메일을 받았다. 부서장과 상의 후에 알려달라는 내용과 함께.

좋은 소식이긴 한데 현실의 고민이 밀려왔다. 갑자기 휴직을 연장한다고 하면 회사에서 달가워하지 않을 게 분명했다. 일이 많든 적든 상관없이, 내가 언제쯤 돌아올 것이라고 예상하고 있었는데 갑자기 못 나온다고 하면 반길 리가 없었다. 나 역시 언젠가 휴직을 연장하는 사람을 약간 부정적인 시각으로 봤던 적이 있어서 안다.

경제적인 문제도 무시할 수 없었다. 휴직 4개월차부터는 휴직 급여가 적어진다. 월급에 턱없이 못 미치는 급여를 받으며 휴직을 연장하려면 마땅한 이유가 더 필요했다. 고민을 하면 할수록 휴직을 연장하는 것이 부담스럽게 느껴졌다. 바로 마음을 접지 못하고 이래저래 또 시간이 흘러 어느새 복귀가

2주 남짓 남았고, 확실한 매듭이 필요했다. 어차피 연장하려는 마음은 접은 상태였다.

"여보, 맘 같아서는 연장하고 싶은데 걸리는 게 많네."
"연장하려면 좀 더 일찍 알렸어야 할 것 같아."
"그치, 아무래도?"
"이미 말했듯이 나는 반대 안 해. 대신 약간 욕먹을 각오하고. 사람 맘이 다 그렇잖아?"

결론은 '예정대로 복귀'였다. 결재를 올렸고 팀장님께도 곧 뵙자고 연락을 드렸다. 고민하느라 괜히 에너지만 쏟은 것 같았다. 이런 사정을 아는지 모르는지, 제이는 개학이 연기된 상황을 만끽하며 나름 편안한(?) 나날을 보내고 있었다.

코로나 시대의 육아 전쟁

하늘도 무심하시지. 왜 하필 내가 육아휴직을 하는 동안에 이런 시련을 주는 것일까. 코로나가 이토록 장기화될 것이라고는 생각도 못했다. 이로 인해 얼마나 많은 이들이 고통받게 될지 짐작하지도 못했다. 하필 내 육아휴직에 맞춰서 이토록 기막힌 타이밍에 코로나가 나타났다는 사실만이 원망스러웠다. 당시에는 내 사정이 가장 딱하게 느껴졌다.

돌이켜보면 내가 육아휴직이라도 쓰고 있었기 때문에 고생을 덜했던 셈이었다. '한두 달 있으면 괜찮아지겠지.' 아마 누구라도 다 그렇게 생각했을 것이다. 이 바이러스가 이렇게까지 오랫동안 고통을 줄 것이라고는 상상하지 못했을 것이다. 차라리 코로나가 눈에 보이는 벌레만 해서 슬리퍼로 내려치거나, 피할 수라도 있다면 얼마나 좋을까 싶다.

정말 모두가 힘든 시기를 보냈다.

그렇다면 우리 아이들은 어땠을까? 비록 얼마나 힘든지 큰 목소리를 내지 않더라도, 우리 아이들은 너무나도 힘겨운 시기를 견뎌내고 있음이 분명하다.

아이들은 세상과 계절의 변화를 몸으로 느끼며 하루하루를 박진감 있게 살아야 한다. 친구들을 만나 조잘거리면서 웃고, 싸우고, 달리고, 땀 흘려야 한다. 그렇게 하루에 한 뼘씩 친구들과 어울리며 몸과 마음을 키워나가야 하는 존재다. 그런 아이들이 대부분의 시간 동안 집에 갇혀 지내야 했다. 간혹 외출을 하더라도 '조심해라, 말하지 마라, 마스크 벗지 마라' 등 수많은 규칙이 따라붙는다. 이런 상황에서 어른들보다 훨씬 더 방역수칙을 잘 지키려고 노력하는 아이들의 모습이 멋지고 대견하다.

코로나로 인해 가족들이 집에서 보내는 시간이 전보다 많아진 만큼 다툼도 잦아졌다. 아이들 싸움과 난장판을 수습하느라 영혼이 털렸다는 부모들의 사연을 심심찮게 듣는다. 하루 종일 붙어 있다 보면 아무리 의 좋은 사이라도 수시로 싸운다는 것이다. 소리도 질러보고, 타일러도 보고 별별 수단을 다 동원해봐도 그때뿐. 돌아서면 다시 싸우고 소란을 피우는 아이들 때문에 새치가 다 생겼다는 부모들의 하소연이 전혀 과장되게 들리지 않았다. 어디 아이들뿐이겠는가. 부모와 아이 간, 부부간에도 쌓여가는 스트레스에 날 선 대화가 이어지고, 의도치 않게 상처 주는 일이 비일비재했을 것이다.

제이는 외동이다 보니 다행히(?) 싸울 형제자매가 없다. 어릴 적부터 함께해온 사촌 언니들이 두 명 있지만, 아이들이 커가면서 만날 기회가 점점 줄었다. 일과중 제이의 대화 상대도, 싸움 대상도 오직 나뿐이었다. 제이에게는 외로움을 견뎌야 하는 것이 더 큰 어려움이었을 것 같다. 한 학기 내내 학교를 한 번도 가지 않아서 친구와 대화를 나눌 기회가 거의 없었다. 구형 폴더폰을 사용하고 있던 제이는 카카오톡이나 게임도 할 수 없었기 때문에 온라인으로라도 친구를 사귈 기회를 갖지 못했다. 아주 가끔 친구와 놀이터에서 마스크를 쓰고 놀 수 있는 기회라도 생기면 그렇게 좋아할 수가 없었다.

대부분의 시간 동안 혼자인 제이는 슬라임을 즐겨 하고, 피아노를 치고, 유튜브를 보며 그림 연습을 하고, 틈틈이 인형놀이를 하고, 종이로 신기한 것들을 만들더니 어느 날은 작곡을 하기도 했다. 가끔 아이패드로 고모와 영상통화를 하면서 그날 그린 그림을 보여주고 피아노를 쳐주기도 했다. 어떻게든 생활에 적응하고, 나름대로의 재미를 찾기 위해 애쓰는 제이의 모습이 대견하고 애틋했다. 친구들과 뛰어놀고 대화를 해야 하는 시간에 혼자서 방에 앉아 이것저것 해보는 제이를 바라보면서 만감이 교차했다. 아마 외동자녀를 둔 부모님들은 비슷한 감정을 느꼈을 것으로 생각한다.

코로나 시대의 육아라고 해서 물론 단점만 있지는 않았다. 원격수업과 재택근무의 확대로 평소보다 많은 시간을 함께 하면서 얻는 장점도 분명히 있었다. 같이 밥을 먹는 횟수도 늘고, 함께 있는 시간이 늘어나니, 자연스럽게 정서적인 교감이 깊어질 수 있었다. 그리고 내가 미처 몰랐던 제이의 습관이나 태도, 장점과 단점을 여과 없이 목격할 수 있는 시간이 되기도 했다. 부모는 아이를, 아이는 부모에 대해서 좀 더 알아갈 수 있는 기회가 될 수도 있다는 점에서 그나마 위안을 삼을 수 있었던 것 같다.

코로나가 빨리 끝나길 빈다. 우리 아이들이 하루빨리 마스크 없이 학교에서 자유롭게 숨을 쉬고, 놀이터와 운동장에서 신나게 뛰놀고, 학교 끝나고 아이스크림도 마음껏 사 먹고, 떡볶이도 먹으면서 친구들과 재잘거리는 그런 날이 오기만을 기원한다.

그 모든 평범한 일상이 간절하다.

같이 가줄래?

"엄마. 나 머리 자르고 싶어."
"월요일에 아빠하고 같이 갔다 와야 할 것 같아."
"왜, 엄마 퇴근하고 같이 가면 안 돼? 아빠랑 가기 싫은데…"

코로나 여파로 집에 있는 시간이 길어지다 보니 자연스레 제이의 머리카락도 많이 자라 있었다. 평소 머리를 감고 잘 말리지 않는 습관 때문인지 끝이 갈라지고 엉켜 빗질을 할 때마다 아프다고 하더니 제이가 먼저 미용실에 가자는 말을 꺼냈다. 다만 사소한 문제가 하나 있었다. 가족 모임 등 여러 일정이 겹쳐 당분간 주말에는 미용실에 갈 시간이 없었다. 평일에 나와 단둘이 가야 했다.

제이는 단지 미용실에 가고 싶은 것뿐만 아니라, '엄마와 함께' 가고 싶어했다. 그러니까 나는 일종의 옵션 참석자였던 셈이다. 아빠의 경우 같이 가면 좋고, 안 가도 뭐 딱히 문제될 것 없다는 의미였다. 딸들은 아빠를 더 좋아한다는데 도대체 누가 한 말인 걸까 잠시 생각했다. 아내는 제이가 싫은 내색을 보이자 잠시 생각하더니 당근을 하나 제시했다.

"제이가 이번에는 양보해야 할 것 같아. 대신 아빠랑 미용실 갔다가 문구점에 들러서 너 사고 싶은 것 사."
"와, 진짜? 오예!"

이어서 아내는 총 3천 원의 가용 예산을 허락했다. 일주일에 1천 원씩 용돈을 받는 제이에게 3천 원은 무려 세 배, 그야말로 거금이었다. 제이 얼굴에 자본주의 미소가 잠시 스치고 지나갔고, 순간 나는 옵션 참석자에서 정식 동행자로 승격됐다. '아, 나는 3천 원 정도면 영입이 가능하구나.' 마이너에서 오랜 설움을 겪던 야구 선수가 메이저 리그로 호출되는 순간의 기쁨을 잠시 누려보았다.

날은 쌀쌀해도 제법 볕이 좋았던 오후, 우리는 제이의 외숙모님이 운영하는 미용실에 도착했다. 우리 가족이 늘 함께 오던 친숙한 장소다. 그런데 제이와 단둘이 왔던 적은 한 번도 없었기 때문이었을까. 순간 그 공간이 묘하게 낯설었다.

제이가 의자에 앉는 사이, 나는 제이의 머리를 어떻게 해달라고 해야 할지 고민하며 잠시 우물쭈물했다. 그런데 정작 제이가 알아서 숙모와 자기 헤어 스타일을 상의하고 있는 게 아닌가. 조금만 자르고 싶어하는 제이와 어느 정도는 쳐내야 한다는 숙모의 대화를 보며 언제 저렇게 컸나 싶은 생각이 들었다. 결국 제이는 뜻을 굽히고 "네" 하고 작은 소리로 울먹이듯 대답했다.

커트가 시작되자 제이는 눈을 찡그리며 외숙모의 능숙한 가위질을 지켜보았다. 소파에 앉아 잠자코 제이의 머리카락이 다듬어지는 모습을 보면서, 나는 문득 제이만큼 어린 시절의 어떤 기억 하나를 떠올렸다. 초등학교 전학 날, 엄마와 함께 했던 동행. 낯설었지만 지나고 보니 빛나는 추억으로 남은 그날의 시간을 말이다.

먼 도시로 이사를 하고 새 학교로 전학 온 첫날, 엄마 손을 잡고 교문을 들어설 때의 설렘과 두근거림이 아직도 내 손끝에 남아 있다. 나무 복도를 지날 때 코를 찌르던 양초 냄새마저도…. 생각해보면 지금의 제이와 비슷한 나이였다. 걱정과 안도가 교차하던 그날이 아직도 내 안에 남아 있는 것을 느끼면서, 훗날 어른이 된 제이의 기억에도 지금 이 순간이 남아 있을지 궁금해졌다.

아빠와 단둘이 미용실에 처음 온 오늘 이 공간에서 느꼈던 감각과 대화들을 제이는 기억할 수 있을까. 어쩌면 제이에게 전혀 특별할 것 없는 순간을 두고 나 혼자 과도하게 의미 부여를 하는 것은 아닐까 싶어 피식 웃음이 나왔다.

나는 이 순간을 오래 보존하고 싶은 마음에 여러 장의 사진을 찍었다. 제이 뒤에서, 옆에서, 그리고 앞에서 찰칵. 과정이 어쨌거나 처음으로 제이와 단둘이 미용실에 온 경험이 내겐 너무 특별하니까. 거울 속의 제이는 '아빠, 왜 저래' 하는 표정으로 나를 노려보고 있었다. 15센티미터 정도 머리카락을 잘라낸 제이는 말끔히 정리된 머릿결에 매우 만족스러워했다.

잠시 뒤, 우리는 미용실에서 멀지 않은 '아침의 영광'이라

너와 함께라면 어디라도 좋아.
제이야, 아빠랑 계속 같이 가줄래?

는 문구점으로 자리를 옮겼다. 제이는 아빠의 존재를 잊은 채 혼자 문구점 구석구석을 누볐다. 그런 제이를 조금 따라다니다 금세 지쳐버린 나는 한구석에 기대어 서서 제이를 바라보았다.

사고 싶은 물건을 신중히 고르고 있는 제이를 지켜보는 건 즐거운 일이었다. 제이는 이것저것 들었다 놓기를 반복했다. 와, 이런 심사숙고는 처음 보았다. 별로 크지도 않은 문구점에서 3천 원을 쓰기 위해 30분 이상 고민만 하고 있다니. 그 모습이 참 사랑스러우면서도 내심 '만 원을 허락했으면 정말 큰일 났겠구나' 싶었다. 슬라임도 사고 싶고, 스티커도 사고 싶고, 좋아하는 연예인(BTS) 사진도 사고 싶어 하는 제이의 고민이 내게도 그대로 전달되었다.

좁디좁은 문방구 통로에 쭈그리고 앉아 뒷짐까지 지고 고민하는 제이의 모습이 너무 귀여워 얼른 사진을 찍어 아내에게 보냈다. 그리고 사랑스러운 제이에게 다가가 귓속말로 내 진심을 전달했다.

"제발 그만 가자."

찰나의 육아휴직

완연한 봄날 아침, 아내를 회사까지 모셔다드리고 오는 길. 코로나가 점차 심각해지는 시기에 아내에게 혼자 출근하라고 하기에는 맘이 놓이지 않았다. 아직 꿈나라에 있어야 할 시간에 제이를 살짝 깨워 엄마와 인사를 시키고는, 아내의 출근길 운전기사를 자처한 지 어느덧 한 달이 넘었다. 이제 다음 주면 나도 회사 복귀를 앞두고 있었다.

"믿기지가 않는다. 이렇게 자기 휴직이 끝났다니."
"그러게. 그런데 오히려 담담하다."

"요새 매일 출근하는 연습을 해서 그래."

집에 돌아와 보니 제이는 아직도 꿈나라에 있었다. 소리가 새어 들어가지 않도록 방문을 조심스레 닫아주고 재활용 쓰레기를 정리했다. 비닐과 플라스틱, 병과 캔, 스티로폼과 종이박스 등을 차곡차곡 분류하면서 이렇게 여유 있게 쓰레기 정리하는 날도 이제 끝났다 싶었다.

재활용 쓰레기를 버리고 올라와서, 제이의 아침밥을 준비했다. 육아휴직을 마무리 짓는 아침 식사는 내게 특별한 의미가 있었다. 제이는 이 아침밥의 의미를 알까? 몰라도 상관없으니 맛있게만 먹어주길 바랐다. 요리를 배워서 맛있게 차려주고 싶었는데, 한마디로 이번 휴직 기간에는 실패한 프로젝트가 되었다. 다음에 다시 도전해볼까 싶다가, 그보다는 제이가 요리를 배우는 편이 더 빠를 것 같다는 현실적인 결론에 다다랐다.

가장 먼저 쌀을 씻어 밥을 올렸다. 먹기 좋게 두부를 자르고 소금으로 밑간을 했다. 총각김치도 작게 잘랐다. 치즈와 설탕, 소금을 섞어서 약불에 조심스럽게 만들어낸 스크램블드에그도 접시에 담아냈다. 그리고 두부를 부쳤다. 달궈진 팬에서 두부가 요란하게 소리를 내기에 조금 더 불을 줄였다. 맨밥을 잘 먹지 않는 제이를 위해 오늘은 파래김 가루로 작게 주먹밥을 쌌다. 남겨뒀던 된장찌개를 활용해 내가 먹을 된장국밥 한 그릇도 준비했다. 느린 속도로 식사를 차리고 나서 제이를 깨웠다. 고양이 세수를 하고 식탁에 앉아서 스크램블드에그 하나만 먹던 제이에게 물었다.

"맛있어?"
"아빠 계란후라이는 맛 없는데 이건 맛있어."
"맛있게 먹어. 아빠 이제 회사 가."
"응."
"아빠 방학해서 좋았어?"
"어, 뭐. 좋은 것도 있고 나쁜 것도 있고."
"나쁜 거 뭐?"
"아빠 잔소리?"
"남기지 말고 다 먹어."

고맙게도 오늘만큼은 잔소리하지 않게 남김없이 맛있게 먹어주었다. 그렇게 밥을 먹고 난 제이는 집안을 여기저기 돌아다니더니 〈나 혼자 산다〉를 틀어놓고 슬라임을 조물거리면서 혼자만의 시간을 보냈다. 학교에서 수업을 듣고 있어야 할 시간에 집에서 텔레비전을 보고 있는 제이는 이런 시간들을 과연 기억할까. 그릇들을 치우고 바로 설거지를 했다. 밀린 빨래를 돌리고, 눈에 띄는 먼지들을 닦아냈다. 출근하기 전에 조금이나마 깨끗하게 집안을 정리해두고 싶었다. 제이는 여전히 슬라임과 〈나 혼자 산다〉에 빠져 있었다. 커피를 한 잔 마시며 지난 4개월을 돌이켜봤다.

'아, 육아휴직이 이렇게 끝나버리는구나.'

육아휴직을 시작할 때는 큰 기대와 욕심에 가득 차 있었다. 이 기간이 지나고 나면 대단한 도약이라도 이룰 것 같은 느낌이었다. 그러나 당연하게도 4개월의 시간은 너무 빨리 흘렀고, 그동안 내가 뭘 했지 싶었다. 제이에게 좋은 기억을 하나라도 심어줬나 의문스럽기까지 했다. 오히려 제이 입장에서는 아빠의 잔소리에 시달렸던 시간으로 기억되는 것은 아닐까 걱정됐다.

그리고, 지긋지긋한 코로나. 새 학년 올라가기 전에 멀리 가족여행을 다녀오려 했는데 덕분에 포기해야만 했다. 여행이 꼭 중요해서라기보다는, 육아휴직일 때만 가능한 조금 긴 가족여행을 꿈꿨는데 모두 무산되었다. (혹시 여행을 계획하는 휴직자 분들은 꼭 휴직 초반에 가시길.) 하루 종일 집안에 갇혀 있다 보니 가끔 우울감을 느끼기도 했고, 제이와 말다툼을 벌이는 일도 자주 있었다. 마냥 어린 줄만 알았던 제이가 이제 나와 말다툼을 하게 되면 웬만해선 쉽게 꼬리를 내리지 않는다는 것도 알게 되었다.

무엇보다 근 10년을 사실상 제이의 주양육자 노릇을 하시느라 훌쩍 늙어버리신 장모님과 장인어른에게 가장 죄송스럽고 감사한 마음이 들었다. 어르신들의 청춘을 제이의 성장과 맞바꿨다는 사실을 새삼 깨닫게 되는 시간이었다.

복귀를 앞둔 금요일 아침, 게으른 풍경 속에서 짧은 육아휴직 동안의 일들을 되돌아보며, 저놈의 슬라임 놀이와 〈나 혼자 산다〉를 언제 중단시킬지 적절한 타이밍을 고민했다.

와, 숨통이 트인다

 대망의 회사 복귀 첫날. 육아휴직을 시작하기 전의 여느 날과 크게 다르지 않은 월요일 아침. 아직은 조금 쌀쌀한 4월의 어느 출근길이었다. 예전과 한 가지 다른 점이라면 제이가 아직까지 개학을 못 했다는 정도였다. 전처럼 새벽같이 할머니 집으로 가면서도 별로 불만이 없었다. 엄마, 아빠와 통화 후에 더 자면 그만이니까.

 오전 7시 40분. 사무실 건물 입구에서 열이 있는지 체크를 받았다. 엘리베이터는 네 명만 탈 수 있었다. 무슨 첩보기관에라도 출근하는 기분이 들었다. 그동안 팀 전체가 자리를 옮기게 되어 자연스럽게 내 자리도 이동되어 있었다. 아직은 아무도 출근하지 않은 사무실에서 먼지 쌓인 책상을 닦고 조용히 노트북을 세팅했다. 오래 비운 사무실 풍경이 낯설지 않아서 오히려 싱거웠다. 4개월의 시차가 느껴지지 않았다.

같은 층의 사람들이 속속 출근하며 나와 눈인사를 나눴다. 마침 오늘은 전사적으로 재택근무가 해제된 날이었고, 모두가 한 달 보름 남짓 재택근무를 마치고 사무실로 출근하는 날이었다. 어수선한 분위기에 적당히 녹아들어 자리를 정리한 다음 커피 한 잔을 내려 자리에 앉았다. 눅눅한 카펫 먼지 냄새가 커피 향과 희한하게 어우러졌.

'아, 좋구나!'

내 자리에서 커피를 한 모금 마시는데 묘하게 해방감이 느껴졌다. 제이에게는 미안한데 솔직히 사무실에 앉아 있으니 오랜만에 숨통이 탁 트이는 기분이 들었다. 학생이 학교에 가고 싶고, 직장인이 회사에 가고 싶으면 제정신이 아니라던데, 딱 그 상황이었다. 사무실 내 자리에 앉아 있는 게 참 기분 좋은 일이구나 싶었다. 오늘만큼은 월요병 따위 내게 해당사항

'아, 좋다!'
사무실 내 자리에 앉아 있다는 사실만으로
묘한 해방감을 느낀다.

이 없었다.

언젠가 입사 동기가 육아휴직을 다녀와서 했던 이야기가 생각났다. "이제야 숨 좀 쉴 수 있을 것 같네. 정말 살 것 같다. 야근해도 행복해!" 당시 미혼이었던 나는 도대체 아이와 떨어지는 게 뭐가 좋다는 건지 이해가 되지 않았다. 사무실 카펫의 먼지 냄새에도 반가움을 느끼는 오늘 아침에야 비로소 그게 어떤 의미였는지 알게 되었다.

"오셨어요? 웰컴백."
"건강히 잘 계셨죠?"

팀장님과 먼저 안부를 나눴고, 차례차례 출근하는 동료들과도 간단히 인사했다. 코로나 때문인지 선뜻 가까이 다가가서 인사 나누는 것을 서로가 부담스러워하는 눈치였다. 장기간 재택근무 중이다 보니 사람들끼리도 대부분 오랜만에 보게 된 날이었다. 그래서 같은 층에 근무하는 타 부서 사람들은 내가 장기간 사무실에 없었다는 사실을 잘 모르는 눈치였다. 이래저래 육아휴직을 복기시킬까 봐 걱정했는데 다행히도 은근슬쩍 넘어갈 수 있었다. 새로 오신 임원에게 찾아가 팔꿈치

인사를 나누고 짧게 내 소개를 하고 나왔다.

사무실에서는 마스크를 항상 쓰고 있으라는 방송이 수시로 나왔다. 오랜만에 사무실에 나와 잠시 트였던 숨통이 다시 조여지는 기분이었다. 외부에 나갈 때를 제외하고 실내에서 30분 이상 마스크를 쓰고 활동한 경우가 거의 없었기 때문이었다. 숨은 가쁜데 괜스레 마스크를 벗다가 다른 사람들 눈에 띌까 신경이 쓰였다. 서로가 서로를 숙주로 의심해야 하는 현실이 서글펐다. 숨 쉬기가 어려워지니 출근한 지 2시간 만에 집에 가고 싶어졌다.

잠시 뒤 팀원들과 회의실에 모여 빙 둘러앉았다. 새롭게 팀이 꾸려진 뒤 두 달도 안 돼 장기간 재택근무를 해서인지 사람들끼리도 어딘가 서먹해 보였다. 단체로 마스크를 쓰고 원탁에 앉아 있는 모습이 복화술을 하는 비밀 종교단체의 회동 같았다. 팀장님이 사람들에게 나를 소개했다. 동료들과 눈을 마주치며 간단히 인사를 나눴다. 여러분의 배려 덕분에 육아휴직을 잘 다녀왔고, 앞으로 잘 부탁드린다는 이야기로 간단히 인사를 마쳤다.

그렇게 오전 내내 숨통이 트였다 조였다 하기를 반복하다가 친한 후배와 점심을 먹었다. 오랜만에 밖에서 먹는 점심 식사라니, 이 또한 설레는 일이었다. 그 흔한 점심 식사 하나에 이렇게 행복해하는 나 자신이 놀라웠다. 회사 근처에서 식사를 마치고 청계천을 거닐며 완연한 봄기운을 카메라에 담는 내 모습을 후배는 심드렁하게 바라봤다.

아내와 내가 즐겨 보는 영화 〈어바웃 타임〉에서 주인공 팀의 아버지가 했던 말이 생각나는 하루였다. 하루가 지나면 다음날에 전날과 똑같이 살아보라는 것인데, 그러면 놓쳤던 일상의 작은 행복들이 그제서야 보일 것이라는 충고였다. 아버지 이야기대로 똑같은 하루를 다시 보내며 팀은 삶의 행복이 자신의 태도에 달려 있다는 평범한 진리를 깨닫게 된다. 이날 나의 하루도 팀이 다시 살았던 하루와 크게 다르지 않았다.

물론 다음날, 육아휴직 전 어느 피곤한 날의 내 모습으로 돌아왔다.

오래 기억하고 싶은 시간들

1.
 오늘도 예외 없이 처가에 제이를 내려주고 아내와 함께 하는 새벽 출근길. 골목길의 꼬마를 오랜만에 발견했다. 아이는 할머니와 함께 아빠에게 손을 흔들고 있었다. 예전과 달라진 풍경은 마스크를 쓰고 있다는 것 정도였다. 제이에게 전화를 걸었다. 늘 그렇듯 엄마와 먼저 통화했다. 엄마가 "사랑해"라고 하니, 제이도 "사랑해"라고 답하는 소리가 들렸다. 아내는 스피커를 켜서 핸드폰을 내 쪽으로 돌려주었다.

"제이야, 온라인 클래스 잘 들어. 사랑해."

"응."

"응. 나도 사랑해."

"아니, 온라인 클래스 잘 듣는다고."

그래도 '어'가 아닌 게 어딘가. 제이와 한 뼘 정도 더 가까워진 느낌이었다.

2.

늦잠을 자는 바람에 정신 없이 회사에 도착했다. 아침부터 중요한 보고가 있어 참석했다. 몇 개월간 작업한 신규 사업안을 임원에게 보고하는 자리였다. 육아휴직에서 돌아온 나는 프로젝트가 마무리되는 시점에 아주 미미한 역할로 참여했을 뿐이다. 사실 같은 자리에 앉아 있기도 부담스러웠다. 나도 고민을 시작해야 할 새로운 일감이 필요했다.

3.

제이의 등교는 회사 복귀한 뒤 시작되었다. 다행히 전과 같이 자율 출퇴근 제도를 활용해서 제이가 학교에 가는 날 한 번씩 내가 등교를 시킬 수 있었다. 그런데 등교를 준비시키고 동시에 출근 준비를 하는 생활에 좀처럼 익숙해지지 않았다. 내가 조금만 더 부지런히 움직이면 될 일인데, 피곤하다는 핑계로 몸이 빠릿하게 움직여지지 않았다. 육아휴직을 다녀왔다고 부지런해지는 것은 아니었다.

"(못마땅한 어조와 표정으로) 제이야 〈나 혼자 산다〉 못 보면 무슨 일 생겨?"

좋은 말로 타이르지 못하고, 바쁜 아침 시간에 텔레비전을 보고 있는 모습이 거슬려서 제이에게 화를 냈다. 출근 준비를 하는 동안 텅 빈 식탁에서 혼자 밥 먹는 모습이 안쓰러워서 텔레비전을 켜놓았던 건 바로 나였는데, 되려 내가 화를 내고 있었다. 타이름이 아닌 질타와 질책의 언어가 내 입에서 쏟아졌다. 인성 검사를 한번 받아봐야 하나.

4.
혼자가 대세인 시대다. 〈나 혼자 산다〉의 인기는 식을 줄 모른다. 혼술, 혼밥, 혼잠, 혼영 등 '혼자'는 외로움보다는 라이프 스타일의 하나로 인식되고 있다. 나 역시 혼술, 혼밥을 좋아한다.

"아빠, 나는 왜 혼자야?"
"네가 동생 싫다고 해서 그런 거잖아."
"그게 이유의 전부야?"
"아니, 그건 아니고 이유의 일부지. 우리 셋이서 재미있게 놀면 돼."

외동의 숙명. 제이는 대부분 방에서 조용히 혼자 논다. 한참 피아노를 치고, 한참 슬라임을 만지고, 한참 그림을 그린다. 너무 조용해서 방에 가보면 유튜브를 편집하고 있다. 그 모습을 볼 때면 여러 생각이 스친다. 저 공간에서 형제나 자매와 함께 있는 그림을 그려본다. 분명 매일이 전쟁터 같더라도, 그 나름의 즐거움도 있겠지.

"여보, 자? 나 육아휴직 또 쓸까?"
"이제 못 가는 거 아냐?"
"음… 알면서."

아내는 내게 등을 돌리고 이불을 바싹 감아 덮는다.

5.
내겐 초등학교 4학년 이전의 기억이 거의 없다. 워낙 산만하기도 했고, 과거의 기억은 새로운 기억들에 의해 자연스럽게 덮어쓰기가 되었을 것이다.

혹시 아빠가 육아휴직을 했었다는 사실을 나중에 제이가 기억하지 못한다면 조금 억울할 것 같다. 그래서 육아휴직 기간 중에 적어 뒀던 일기를 엮어서 제이가 좀 더 컸을 때 선물로 주면 어떨까 상상해봤다. 아빠가 제이를 얼마나 사랑하는지 기억해주길 바라며. 또 제이가 훗날 혹시 결혼해서 자녀를 낳게 되면 남편에게도 꼭 육아휴직을 권하길 바란다는 심정으로 글을 써보면 어떨까.

물론 이건 내게 주는 선물이기도 하다. 제이와 함께 보낸 시간을 몇몇 조각으로만 기억하고 싶지 않다. 그러기 위해서는 글을 쓸 장비가 필요하다. 아내에게 맥북을 사겠다고 말해야겠다.

내가 네 편이 되어줄게

"아빠, 이 문제 좀 알려줘."
"이게 뭐지? 분수? 무슨 문제가 이렇게 길어?"
"못 풀겠어."
"음… 아빠도 모르겠는데?"
"아빠 산수 경시반이었다면서."
"그건 5학년 때야. 이건 4학년 문제잖아."

제이가 도움을 청한 수학 문제는 도무지 문제 자체가 이해가 되지 않아서, 진짜로 도움을 줄 수 없었다. 모르는 문제가 있으면 일단 내게 가져오고 보는 제이를 보며, 지금이야 초등학생이니 망정이지 앞으로 이 난국을 어떻게 헤쳐나가야 할지 앞날이 캄캄해지곤 했다. 평소 어렸을 때 공부 좀 했다고 허풍을 떨었던 것이 이렇게 내 발목을 잡을 줄은 몰랐다. 진지하게 초등학교 교과서라도 다시 공부해야 하나 싶었는데, 솔직히 그건 정말 하고 싶지 않았다.

영국 동화 작가 앤서니 브라운의 작품 중에 〈우리 아빠가 최고야〉라는 그림 동화책이 있다. 주로 유아들을 위한 작품인데, 어린아이의 시선에서 아빠를 보며 느끼는 감정을 극도로 과장하여 표현한 동화책이다. 이 글을 쓰면서 혹시나 하고 찾아보니 책장 귀퉁이에 그대로 꽂혀 있었다.

이 책의 주인공 아빠는 도대체 모델이 누구인지는 몰라도 슈퍼히어로급 능력을 지니고 있다. 몇 가지 예를 들면, 늑대 같은 맹수 따위 무서워하지 않고, 빨랫줄 위로 걸어다닐 수 있고, 거인들과 레슬링도 할 수 있고, 말처럼 많이 먹을 수도 있고, 가무에 능하며, 부엉이처럼 똑똑하다. 그 외 여러 능력이 있으나 지면 관계상 생략하기로 한다.

한때 제이도 이 책을 즐겨 읽었다. 아마 잠깐 동안은 동화

속의 아빠와 현실의 아빠를 동일시했을지도 모르겠다. 그러나 커가면서 동화 속의 아빠는 우리 아빠일 리 없다는 사실을 자연스럽게 깨달았을 것이다. 어쩌면 수학 문제 두어 번 물어보고 바로 알아챘을지도 모르겠다. 자기 아빠는 롤러코스터도 무서워서 못 타고, 운동회 날 다른 아빠와 윗몸 일으키기 시합을 하다가 허리나 삐끗하고, 수영이나 달리기는 본인보다도 못한다. 세상 똑똑한 척은 많이 하는데 정작 제이의 궁금증은 잘 해결해주지 못한다. 현실 속의 아빠는 슈퍼맨이 아니라는 사실을 깨닫고 난 뒤부터 제이는 그 동화책이 불온서적이라고 생각했을지도 모르겠다.

솔직히 나는 동화책에 등장하는 최고의 아빠는 고사하고 중간만이라도 하는 아빠가 되고 싶었다. 그 이유는 내가 중간도 못 하는 아빠였기 때문이다. 말로는 항상 제이를 사랑한다면서 행동은 정반대인 경우가 훨씬 많았다. 뭐라도 다 해줄 것이라고 다짐하면서도 실천하는 경우가 드물었다. 도움을 청하면 스스로 하지 않는다고 나무란 적이 많았다. 피곤하다는 이유로 제이의 투정을 잠자코 들어주지 못한 적도 많았다. 혹여 제이가 조금이라도 말대꾸를 하면 참지 못하고 화를 냈다.

제이가 5만큼 화를 내면, 나는 10만큼 화를 냈다. 후회하면서도 같은 행동을 반복했다. 제이가 조금이라도 내 뜻에 어긋나면 나를 배신하는 행동처럼 느낀 나머지 차가운 말들을 내뱉었다. 어쩌면 제이가 '우리 아빠는 최악이야'라고 말하지 않은 게 다행스러울 정도로, 나는 결코 좋은 아빠가 아니었다.

육아휴직을 통해 제이와 긴 시간 함께 하면서 제이를 좀 더 이해하려 노력했다. 제이 역시 아빠의 진짜 모습을 좀 더 경험하는 시간이었을 것이다. 육아휴직은 그동안 완벽하고자 하는 마음만 가졌을 뿐 아빠로서 부족했던 나를 돌아보게 해준 시간이었다.

내가 최선의 육아휴직을 보냈다고는 할 수 없다. 다만, 제이에게 절대 하지 말아야 할 말과 행동, 꼭 해줘야 할 것들에 대해서 고민하고 가슴에 새길 수 있었다는 점에서는 큰 의미가 있었다. 그 다짐을 견고하게 유지하기 위해서 꼭 안아주고 따뜻하게 손을 잡아주는 일부터 시작하기로 한다. 거창한 능력이 없어도 최고의 아빠가 될 수 있다는 믿음으로 제이에게 한 걸음씩 다가가려 한다. 그리고 항상 네 편이 되어주겠다고 약속한다.

Chapter 6

오늘도 육아휴직을 고민하는 아빠에게

가족이라는 이유만으로 당연한 것은 없다.
사랑도 미움도, 함께하는 시간이 있을 때만 가능한 법.
오늘도 조금씩 '가족'이라는 글자를 키우는 중이다.

왜 아빠는 육아휴직을 못할까

인터넷을 찾아보니 우리나라 육아휴직 제도는 올림픽이 열린 1988년에 시작되었더군요. 생각보다 역사가 짧습니다. 처음에는 엄마들만 사용할 수 있었으며, 그마저도 생후 1년 미만 자녀만이 대상이었습니다. 시간이 좀 흘러 1995년이 되어서야 비로소 아빠들에게도 육아휴직을 사용할 수 있는 기회가 열렸습니다. 이후 세 차례 법률 개정을 통해서 현재의 만 8세 이하 또는 초등학교 2학년 이하의 자녀까지 대상이 확대되었다고 합니다. 지금 수준으로 제도가 자리잡는 데만 30년이 넘는 세월이 걸린 셈이네요. 처음에 비하면 많이 좋아진 것 같습니다.

2022년 2월 고용노동부 발표에 따르면, 2021년 전체 육아휴직자 수는 11만 555명이었으며, 남성 육아휴직자는 2만 9천여 명으로 전체 중에서 26.3%를 차지했다고 합니다. 4명 중 1명은 남성이었다는 셈입니다. 또한 아빠들의 육아휴직 사용 비율 또한 지속적으로 증가 추세를 보인다고 합니다. 생각보다 비율이 높아서 놀랐고, 또 반가운 생각이 들었습니다. 아마도 맞돌봄을 하는 문화가 확산되고, 육아휴직 지원제도도 많이 좋아지고 있기 때문이 아닐까 합니다. (아빠 육아휴직 보너스 제도, 부부 동시 휴직 허용 등) 인터넷을 검색해보면 육아휴직을 다녀온 아빠들의 이야기를 어렵지 않게 찾아볼 수 있습니다. 아빠들의 육아휴직을 독려하는 사회 분위기가 점차 확산되고 있는 것은 분명한 것 같습니다.

그런데 이런 분위기와 조금 다른 흥미로운 통계를 하나 말씀드리겠습니다. 2010년 출생아 100명당 육아휴직 사용가능 전 기간 동안 사용 비율을 확인해보니 엄마는 17.8명, 아빠는 1.8명이었습니다.(2019년 고용노동부 발표) 다시 말해서 대략 10년 전 태어난 자녀의 아빠 중에서 육아휴직을 사용한 사람이 100명 중 2명이 채 안 된다는 것입니다. 이렇게 보면 육아휴직을 가야 할 아빠들이 대부분 포기했던 것으로 보이네요. 이런 통계는 최근까지도 아빠 육아휴직에 대한 부담이 컸다는 것을 반증하는 것이겠죠.

아빠가 육아휴직을 가기 힘든 이유에는 크게 두 가지가 있다고 생각합니다.

아빠 육아휴직을 향한 곱지 않은 시선

회사에서 처음 육아휴직을 간다고 했을 때 주변 사람들 대부분 '놀랍다' 또는 '대단하다'라는 반응을 보였습니다. 이미 회사에서도 적극 장려하고 있는 제도임에도 불구하고, 남성들이 오히려 여성들보다 과거에 머물러 있는 것 같았습니다. 저는 미혼 시절에 아빠 육아휴직을 이용하는 동료를 단 한 명도 본 적이 없었습니다. 결혼하고 아이가 초등학교에 진학할 즈음인 2017년 이후 조금씩 눈에 보이기 시작했습니다. 어쩌면 그 이전에는 정말 아무나 육아휴직을 갈 수 있는 것이 아니었던 모양입니다.

남녀 불문하고 누군가 육아휴직을 갔을 때 본인들에게 피해가 올 것이라는 생각을 했던 것 같습니다. 한 팀에서 누군가 육아휴직을 가면 해당 팀의 정원에 여전히 속해 있게 됩니다. 때문에 인원이 충원되지 않으면 자연스럽게 팀 내 다른 구성원에게 업무가 가중될 수밖에 없습니다. 일 전체의 규모가 줄지 않는 이상 누군가는 나 대신 그 공백을 채워줘야만 합니다.

저 역시 오랜 직장생활 중 누군가의 휴직으로 인한 공백을 수 차례 겪어봤고, 그 뒤에 이어진 업무 조정이 다소 불합리하다고 느낀 적이 있었습니다. 육아휴직을 간 그 누군가를 은근히 원망했던 경우도 있었던 것 같습니다. 지금 생각해보면 부끄러운 태도인데, 내 코가 석 자라고 생각했던 그 시절에는 '육아휴직=휴식'이라는 공식이 머릿속에 있었습니다.

육아휴직자가 발생하면 인원을 보충하든, 업무를 조정하든 남아 있는 구성원에게 부담이 되지 않는 문화와 제도가 정착되어야 한다고 봅니다. 절대 쉬운 이야기는 아니죠. 그래도 불가능하다고 생각하지 않습니다. 제 경우에는 때마침 충원이 되었고, 적절한 시점에 업무를 조정해서 다른 동료 분들에게 크게 부담을 지우지 않고 다녀올 수 있었던 것 같습니다. 운이 좋았죠.

요즘은 정부에서 보장하는 육아휴직 외에도 회사 차원에서도 육아휴직을 1~2년 정도 추가로 부여하는 기업이 점차 늘어나는 추세라고 합니다. 이럴수록 더욱 더 휴직 중 조직 운영의 묘를 살려야 할 필요가 있는 것 같습니다. 회사 차원에서 바뀌기 시작해야 사람들의 생각도 함께 바뀔 것입니다. 아빠 육아휴직자들이 늘어날수록 사람들의 편견도 빠르게 사라지겠죠?

피할 수 없는 경제적 부담

제 경우는 맞벌이라서 부담이 조금은 더했습니다만, 외벌이를 하는 동료들은 절대 아빠 육아휴직을 꿈꿀 수 없다고 말하곤 합니다. 기존 제도인 아빠 육아휴직 보너스 제도(아빠가 육아휴직을 사용하면 첫 3개월간 통상 임금의 100%, 월 최대 300만 원 지급)라는 것도 아내가 육아휴직을 사용했을 경우에 해당되는 이야기이므로, 애초부터 맞벌이가 아니라면 해당사항이 없었습니다. 육아휴직 급여는 최소한의 생활비를 보전하는 수단이라, 가계 경제를 전적으로 책임지기는 어려웠습니다.(2022년부터는 '3+3 부모 육아휴직제'로 변경되고 육아휴직 급여도 상향 조정됨.)

저 또한 4개월만 다녀온 이유 중 하나가 바로 경제적인 부분이었습니다. 외벌이 가정이라면 매우 큰 결단이 필요할 수 있습니다. 유튜브에서 육아휴직 중에 가계 부담 때문에 부업을 했다는 이야기를 본 적이 있는데요. 대부분의 회사와 공공기관에서는 겸직을 엄격하게 금하고 있기 때문에 이 역시 쉽게 해결하기 어려운 문제입니다.

그래서 경제적인 부담을 고려해 감당할 수 있는 기간만큼만이라도 다녀오자는 게 저의 생각입니다. 고정비와 변동비 지출을 미리 계획하여 경제적 타격을 미리 대비하는 것과 아예 모르고 있다가 마이너스 통장 잔액이 느는 것을 하염없이 지켜보는 것은 다르니까요.

물론 이런 이유들 말고도 승진 누락 및 인사상 불이익 등을 걱정하는 분들도 많이 있는 것 같습니다. 육아휴직이 흔하지 않던 시절에 있었던 악습 때문입니다. 육아휴직에서 복귀한 동료가 잘 적응할 수 있도록 주변에서 시간과 기회를 주고, 도와주는 문화가 자리잡아야 할 것 같아요. 우선 나부터라도 육아휴직을 다녀온 동료를 배려해주는 마음을 가진다면 차츰 모두가 달라질 거라 생각합니다.

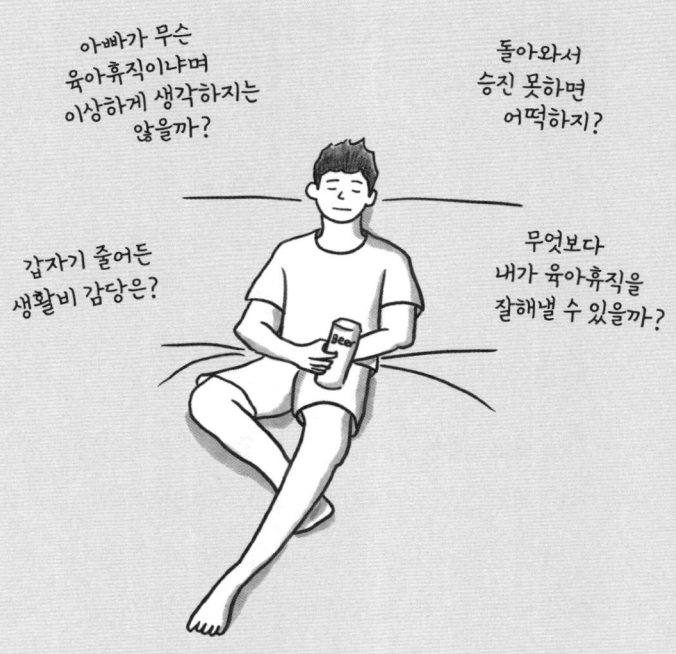

육아휴직을 고민하는 순간부터
머릿속을 맴돌던 수많은 걱정들…
지나고 보니 다 기우였다.
아무튼, 가라!

그럼에도 아빠 육아휴직이 필요한 이유

 이 글을 읽고 계신다면 아빠 육아휴직에 조금이라도 관심이 있으실 거라 생각합니다. 어쩌면 육아휴직을 해야 할지 아직 마음의 결정을 못 내리신 분도 있을지도 모르겠네요. 육아휴직을 가지 못하는 이유는 분명한데, 가야 할 이유는 모호할 수 있으니까요. 경제적인 상황, 맞벌이 여부, 조부모의 조력 등 개개인의 상황과 무관하게, 제가 느꼈던 '아빠 육아휴직이 필요한 이유'를 몇 가지 말씀드려 보겠습니다.
 참고로 육아휴직을 사용한 아빠의 자녀 연령 중 비중이 가장 높았던 것은 만 7세였다고 하네요. 저는 아이가 만 8세를 거의 꽉 채웠던 해에 육아휴직을 썼기 때문에, 초등학교 저학년 자녀를 두신 아빠들에게 좀 더 와 닿는 이야기가 되지 않을까 싶습니다.

첫째, 내 아이의 민낯을 볼 수 있다

아이가 초등학교에 진학할 정도의 나이가 되면 부모와의 생물학적 동질성은 어느 정도 파악이 끝났다고 볼 수 있을 것 같습니다. 그런데 이때부터 아이의 기질, 스트레스 받을 때 하는 행동, 친구를 대하는 태도 등 그동안 볼 수 없었던 모습들이 한꺼번에 보이더라구요. 출퇴근에 찌든 일상 속에서 무심코 지나쳤던 장면들 속에 이미 있었을 우리 아이의 모습들을 말입니다. 얌전한 줄로만 알았는데 친구들과 놀며 의외의 과격한 모습을 보이기도 하고, 어지간한 꾸중에는 끄덕도 하지 않는 모습 등 제가 생각했던 것과 다른 딸의 새로운(?) 모습에 적잖이 충격을 받았습니다.

한편으로는 사춘기가 시작되기 전에 아이의 변화를 체감하고, 아이의 감춰진 성격을 알 수 있어서 다행이었습니다.

둘째, 아이를 대하는 나의 태도를 돌아볼 수 있다

저는 조금 다혈질입니다. 어느 순간부터 아이가 늦잠을 자거나, 밥을 잘 먹지 않거나, 공부하는 시간에 불성실한 태도를 보이면 그때마다 군대 교관처럼 대했습니다. 항상 시간에 쫓기다 보니 자연스럽게 아이를 채근하다 생긴 나쁜 버릇이었습니다. 육아휴직을 계기로 아이와 오랜 시간을 함께 해보니 제 인성의 밑바닥을 확인할 기회가 많았습니다. 한 번 더 잘 타이를 수 있는 일도 아이가 약간이라도 반항적인 태도를 보이면 화부터 내고 보는 경우가 더 많았습니다. 육아휴직을 계기로 마음의 여유를 찾게 되니, 조금씩 더 나아지게 되었다고 확신합니다. 두 번 화낼 거 한 번만 화내자고 결심했고, 어느 정도는 지켜졌다고 생각하거든요.

셋째, 아빠의 살림 생존 능력을 키울 수 있다

저처럼 맞벌이 부부에게 더 해당 되는 이야기일 것 같은데요. 육아휴직을 시작하면서 아이의 식사와 공부, 등교와 하교 등 일상을 모두 제가 책임지게 되었습니다. 아내도 퇴근 후와

주말에 식사와 장보기 등 많은 일을 맡았습니다만, 아이를 돌보는 일과 더불어 집안 살림에 대한 책임감이 무겁게 느껴졌던 시기였습니다. 자연스럽게 청소나 정리 노하우 같은 정보를 더 찾아보게 되고, 미뤄뒀던 집안 곳곳의 하자도 고치게 되더라구요.

뭐니뭐니 해도 육아휴직의 꽃은 요리가 아닐까요? 정말이지 적응이 안 되는 분야입니다. 맛있고 영양가 있는 요리를 하겠다는 결심은 금세 사라졌고, 최대한 제시간에 내놓을 수 있는 요리를 하는 것이 목표가 되더군요. 학교나 학원에 가야 하는 아이를 마냥 기다리게 할 수는 없는 노릇이니까요. 그래도 유튜브 요리 채널들이 힘이 되었던 것 같습니다. 결과적으로 제 살림 능력치가 아주 약간 상승했다는 기분이 드네요. 아이가 다 자라고 난 뒤 앞으로의 삶에도 분명 도움이 될 것이라 확신합니다.

넷째, 우리 가족의 길을 재정비할 수 있다

생각해보면 육아휴직은 결코 아이만을 위한 시간은 아니었습니다. 결혼 후 10년, 그동안 어떻게 살았는지 정리가 안

될 정도로 정신 없이, 닥치는 대로 지냈던 것 같습니다. 트랙을 질주하던 레이싱카 드라이버도 중간에 잠시 멈춰 서 타이어를 교체하거나 정비 공간에 머뭅니다. 그래야 계속 달릴 수 있는지 돌아보며 한숨 돌릴 수 있는 시간이 생깁니다. 육아휴직은 아이와 부모 모두에게 그런 시간과 기회를 제공합니다.

물론 육아휴직이 아니더라도 지금까지의 삶과 자녀 양육의 과정을 돌이켜보고 차분히 미래를 고민할 수는 있을 것입니다. 다만, 아이의 입장에서 지금까지의 삶이 즐거웠는지, 혹시 상처가 된 부분은 없었는지 살피고 개선하고 싶다면 육아휴직이야말로 가장 좋은 기회가 될 것이라고 확신합니다. 회사생활과 사람들과의 관계에 대한 복잡한 고민을 잠시 접어두고, 아이와 아내, 우리 가족이 가고 있는 길에 집중할 수 있으니까요.

육아휴직을 시작하는
아빠들에게

여러 장애물을 극복하고 마침내 육아휴직을 결심하신 아빠들에게 몇 가지 조언을 보태볼까 합니다. 몇몇은 마음가짐에 관해서, 또 몇몇은 행동에 관한 의견입니다. '제가 이랬다'기보다는 지나고 보니 '이래야겠더라'에 가까운 이야기입니다.

최대한 길게 다녀오세요

저는 이런저런 사정 때문에 4개월만 다녀왔는데요. 여건이 허락한다면 최대한 길게 다녀오시길 권합니다. 육아휴직은 단지 아이만을 위한 시간이 아닌 것 같습니다. 내 삶과 가족을 돌아보는 중요한 전환점이 될 수도 있으니까요. 경제적인 여건이 허락하는 선에서 반드시 길게 다녀오시길 권합니다. 저는 솔직히 무리해서라도 더 쓸걸 하는 아쉬움이 남네요.

대단한 성취를 이루려고 하지 마세요

처음에는 모든 일을 잘해내겠다는 다짐에 사로잡혔습니다. 집안일이며 요리, 공부 지도 및 같이 놀아주기 등 모든 부분에서 부족했던 제 자신을 채우려는 강박이 있었던 것 같아요. 그런데 비장한 각오로 시작하면 오히려 더 무리수를 두게 되더라고요. 특히 아이와 좀 더 빨리 가까워지고 싶은 마음이 오히려 독이 되고, 쉽게 서운해지는 일도 많아지더라구요. 사실 아이는 자신의 일상을 계속 살고 있을 뿐입니다. 갑자기 육아휴직을 시작한 아빠가 아이 삶에 불편한 변수로 느껴지지 않도록 조심해야겠더군요. 완벽한 아빠가 되겠다거나 특별한 추억을 만들겠다는 욕심보다는 무탈하게 보내자는 마음가짐이 더 중요한 것 같습니다.

복귀 이후의 삶은 천천히 생각하세요

회사 복귀 후 삶이 고민이 될 수밖에 없습니다. 저 역시 복귀한 뒤의 회사 생활과 육아 방식을 많이 고민했어요. 그런데 육아휴직 기간 동안에는 오직 현재에만 몰두하길 바랍니다. 사실 미리 고민해봐야 별로 달라질 것도 없고, 도움도 되지 않는 것 같아요. 오히려 스트레스만 늘어나서 현재에도 충실할 수 없을지 몰라요.

주변 아빠들에게 육아휴직을 적극 권해주세요

육아휴직에 대한 사회적 인식은 사람과 사람을 통해 전달될 수밖에 없습니다. 당장 눈앞에서 육아휴직을 가는 아빠가 없다면 아빠 육아휴직이 낯설고 특이한 일이 되어버리고 말거든요. 자신의 지인들 중에서 자녀가 있는 아빠들, 예비 아빠들에게 육아휴직이 얼마나 소중한 시간이었는지 알려주는 것만으로도 충분하다고 생각합니다. 그것이 좀 더 많은 남성들이 육아휴직 제도에 관심을 가지게 되는 출발점이 될 것이라 믿습니다.

꼭 기록을 남기세요

사람은 망각의 동물. 아무리 행복했던 순간도 며칠 지나고 나면 희미해집니다. 어렵게 얻은 소중한 일상을 기록으로 남기길 바랍니다. 간단한 메모라도 상관없습니다. 시간과 체력적 여유가 된다면 사진과 함께 일기를 기록하는 것도 방법이겠죠. 상황에 맞게 기록을 남기되 하루도 빠짐없이 하겠다는 마음으로 해보시길 바랍니다. 육아휴직을 다녀온 뒤에도 그 기록을 보고 있는 자신을 발견할 수 있습니다. 나중에 자신의 경험을 다른 아빠들과 공유할 수도 있고요. 바로 저처럼 말이죠. 하루 한 줄이라도 무조건 기록해보세요.

혹시 육아휴직 결정의 문턱에서 망설이고 있다면, 인생의 행복 지도를 그릴 수 있는 멋진 기회를 절대 놓치지 않길 바랍니다.

우리 가족 속마음 인터뷰

 아내의 속마음

🎤 내가 육아휴직을 쓴다고 했을 때 솔직한 심정은?

우리 회사는 여전히 남자 육아휴직이 잘 상상이 안 되는 분위기야. 남성 비율이 높기도 하고, 누가 육아휴직 간다고 하면 "너 퇴사하려고?" 같은 말을 들을 것 같은 분위기거든. 당신이 육아휴직을 쓸까 말까 고민하는 것 자체부터 놀라운 일이었지. 그런데 당신 회사에 아빠 육아휴직자들이 꽤 있었다고 했잖아. 그래서 용기를 낼 수 있었다고 하기도 했고. 그런 회사 분위기가 참 부럽더라.

🎤 내가 육아휴직을 해서 좋았던 점은?

무엇보다 당신이 제이를 전담 마크해줬다는 것이 가장 좋았지. 알잖아. 제이처럼 좀 큰 애들은 학교 보내고, 학원 보내는 일이 정말 생각보다 힘들다는 걸. 갓난아기 육아도 힘들긴 한데, 이건 또 다른 어려움이 있지. 이게 은근히 체력과 스피드가 필요한데 자기가 전담해준 덕에 여러 가족이 편했지. 특히 우리 엄마 아빠가 한동안 쉬실 수 있었다는 점에서 나는 참 안심이 됐어. 우리 때문에 계속 고되셨을 텐데, 자기가 휴식을 드린 셈이잖아. 덕분에 나도 별로 걱정할 일이 없었고. 그게 참 고마웠어.

🎙️ 그래도 아쉬웠던 부분이 있었겠지?

그건 당연히 있지. 당신이 욕심이 좀 많았어. 집안 살림과 밥 챙기는 일에 너무 집착한 것 같아. 어차피 잘하지도 못 하면서. (ㅎㅎ) 너무 집안일에만 치이다 보면 하루가 쳇바퀴처럼 느껴질 수 밖에 없거든. 좀 엉망이 되도 좋으니까 여행도 다니고, 틈나는 대로 놀러 다니라고 나는 분명히 말했지. 그런데 당신이 말을 듣지 않았던 거고. 그러다 코로나 때문에 어차피 집에 눌러 앉게 돼버려서 더 안타깝게 되었지. 어쩌겠어. 이미 일어난 일.

육아휴직 후 우리 가족이 달라졌다고 느꼈던 적 있어?

가장 크게 느낀 부분은 뭐랄까, 생활이 조금 안정되는 느낌이었어. 오해는 하지 마. 돈 이야기가 아니고, 우리의 생활 패턴 이야기야. 스케줄에 끌려다니기보다는 우리가 주도한다는 느낌이랄까. 그전에는 무언가 쫓기듯이 일정을 짜고, 제이를 챙겼던 것 같은데 이제는 제이의 의견도 반영해서 모두가 부담스럽지 않게 만들어가고 있다고 느껴져. 제이가 커가면서 점점 요구사항이 많아지는데, 그것들을 가족의 일원으로서 존중해줄 수 있게 된 것 같아서 좋아. 마지막으로, 많이 티격태격해도 제이가 아빠하고 더 가까워진 것 같아.

 코로나 시대에 육아휴직을 쓰는 게 필요할까?

나는 이럴 때일수록 맞벌이하는 집에서는 더더욱 육아휴직이 필요하다고 생각해. 코로나 상황에 빠른 대처를 할 수 있으니까. 그뿐 아니라 아이 건강 상태를 더 신경 써야 하기도 하고. 내 생각에는 이런 상황이 길어질수록 육아휴직의 필요성은 점점 더 커질 거라고 생각해.

그리고 한 가지 더 있어. 요즘 학부모들이 다 그런 이야기를 하거든. 요즘 애들 너무 불쌍하다고. 집콕 생활이 길어지면 아이 입장에서는 특별히 하는 일 없이 시간이 가버리잖아. 언젠가 커서 이 시간을 돌이켜보면 정말 허망하지 않을까? 누군가에게는 잊고 싶은 순간이 오히려 누군가에게는 가장 행복한 기억들로 채울 수도 있는 절호의 기회가 될 수 있을 것 같아. 엄마든 아빠든 이런 상황에 육아휴직을 선택한다면 오히려 아이에게는 살면서 유일하게 부모와 24시간 붙어 있을 수 있는 순간이 될 수도 있다는 거야. 물론 그 시간을 행복한 기억으로 채우기 위해 가족 모두 서로 배려하고 노력해야겠지.

 제이의 속마음

🎤 아빠가 육아휴직 하니까 어떤 점이 좋았어?

새벽에 일찍 일어나지 않아도 되니까 좋았어. 엄마 아빠 출근하는 시간에 일어나는 애는 우리 반에 나밖에 없었어. 아침마다 일찍 일어나는 거 진짜 힘들었거든. 할머니 집에 가서 더 자고 싶어도 시간이 부족했어. 왜냐하면 할머니가 아침밥 차려주시면 먹어야 하니까.

아빠랑 혼자 학교 가는 연습을 해보고 나서 진짜 나 혼자 갔던 날, 아빠 기억해? 할머니, 할아버지가 나 혼자 학교 가는 것 안 된다고 하셔서 속상해하실까 봐 그동안 말 안 하고 참았거든. 우리 반 애들 거의 혼자 다니는데 나만 할아버지나 아빠랑 같이 다녀서 좀 창피했었어. 혼자 학교 가는 거 생각보다 쉬워서 좀 시시했지만 친구랑 후문에서 만나서 같이 갈 수 있어서 재미있었어.

아, 또 있다. 학교 앞 문구점에서만 팔던 말랑이 인형 갖고 싶었는데 아빠가 학원 데려다준 날 나랑 갔잖아. 다른 애들은 학교 끝나면 문구점도 가고 분식 집도 가는데 나는 바로 학원 차 타고 가야 해서 몇 번 못 가 봤거든. 아빠랑 문구점에 가서 말랑이 사 가지고 학원 갔는데 애들이 부러워했어. 그게 기억 나.

마지막으로, 딱풀 사야 하는데 아침이라 문구점 문 안 열어서 편의점 세 곳이나 다녔잖아. 그날 딱풀 사느라 지각할 뻔했는데 아빠가 데려다주는 날이라서 다행이라고 생각했어.

🎤 아빠가 육아휴직 하니까 어떤 점이 별로였어?

우리집은 아빠가 엄마 같고 엄마가 아빠 같아. 아빠도 알지? 내가 뭐 하려고 할 때마다 아빠가 잔소리하는 거 별로였어. 나도 생각하고 있었는데 혼을 내니까 아빠랑 자꾸 싸우게 되어서 속상했던 적 많아. 아빠가 나를 너무 모르는 거 같았어. 특히 밥 먹을 때 아빠랑 나랑 진짜 안 맞는 거 같아. 세상에는 천천히 먹는 사람도 많이 있잖아. 나는 빨리 먹는 게 좀 힘들었는데 아빠는 나를 이해하지 못하고 불친절하게 말했어. 그리고 맨날 계란, 김, 소시지 같은 것만 주니까 질려서 먹기 싫었어. 그래도 참고 먹고 있는데 아빠한테 "밥을 한 시간 째 먹냐"는 말을 들으면 나도 기분이 나빴어. 그래도 내가 아이스크림이랑 햄버거는 빨리 잘 먹잖아.

참, 엄마 혼자만 회사 가는 것도 별로였어. 엄마도 같이 있었으면 좋았을 것 같아. 왜냐하면, 엄마 출근하고 나면 나랑 아빠랑 밥 먹는 걸로 싸우니까. 그리고 내가 뭐 궁금할 때 엄마한테 전화 못 하게 했잖아. 엄마 일에 방해된다고. 아빠는 우리 둘이 해결해보자고 했지만 나는 엄마랑 통화하고 싶었어. 그러면 아빠 흉도 같이 볼 수 있거든.

🎤 아빠가 해준 요리 중에 제일 맛있었던 건 뭐야?

음… 스크램블드에그(이하 스크램블)? 아빠가 아침밥으로 차려준 것들, 사실은 엄마가 전날 저녁에 준비해놓은 거잖아. (뜨끔) 그러니까 아빠가 한 건 스크램블하고 소시지인데, 소시지는 산 거니까 요리한 게 아닌 거고. 그중에 스크램블이 제일

먹을 만했어. 왜냐하면 많이 안 씹어도 목에 걸리지 않고 잘 넘어가거든. 그래서 스크램블 먹는 날엔 아빠가 아침에 잔소리를 안 했어. 재미있는 거 알려줄까? 내가 빨리 잘 먹으니까 아빠가 계속 그것만 해줘서 나중엔 먹기 싫어졌어. 아빠가 구워주는 소시지도 처음에는 나쁘지 않았는데 이제 싫어졌어. 너무 많이 먹어서 질린 것 같아. 그런데 아빠가 다른 거 해준 날 있었잖아. 씻은 김치로 만든 김치 볶음밥. 그건 진짜 맛있었어. 왜 한 번만 해준 거야? 아빠가 늦게 차려주는 바람에 지각할 뻔했지만 맛있었어. 다음에는 그걸로 해줘.

🎙 아빠가 공부 가르쳐줄 때 힘들어서 울고 그랬잖아. 기분이 어땠어?

뭐지? 지금 이거 녹음하는 거야? (아니야. 신경 쓰지 마.) 싫었어. 공부 가르쳐줄 때 아빠는 다른 사람이 되는 것 같았어. 평소에 아빠가 모르는 건 잘못한 게 아니라고 했잖아. 사람은 누구나 실수한다고 그랬잖아. 그런데 아빠 목소리는 나를 자꾸 혼내는 것 같아서 힘들었어. 내가 아직 배우지 않은 것도 있었고, 혼자서 풀어본 적이 없어서 나도 답답했어. 나도 잘 몰라서 뭐라고 답해야 하는지 모르는 것뿐인데, 아빠는 내 태도가 문제라고 말했잖아. 나도 힘들어서 그런 거야. 내 마음을 몰라주고 약속한 페이지까지 공부했는지 안 했는지 자꾸 검사하는 거 같았어. 조금 전까지 친절하던 아빠가 싸늘하게 대하니까 눈물이 났었어. 앞으로도 그냥 내가 알아서 해볼게.

🎙 아빠의 육아휴직이 제이한테도 도움이 됐을까? 아빠하고 같이 한 것 중에서 가장 기억에 남는 게 있어?

뭐야, 내 생각을 정해놓고 물어보는 것 같은데? 나는 잘 모르겠는데? (그래도 좋지 않았어?) 하고 싶은 거 있을 때 말하면 바로 할 수 있어서 좋았었나? 도움이 된 건지는 잘 모르겠는데 평소보다 확실히 좋았어. 그리고 기억에 남는 건 뭘까? 아빠랑 둘이서? 한강 가서 킥보드 타고, 롤러스케이트 탄 거랑. 배드민턴 친 거랑. 음… 더 이상은 기억이 잘 안 나네.

아빠의 일기장

11월 30일
갈 수 있는 마지막 날 육아휴직을 시작했다.
마지노선까지 밀려야 일을 하는 내 습성은 어디 못 간다.

12월 9일
"아빠, 우리 집 가훈이 뭐야?"
"가훈? 그런 거 없는데."
"가훈이 없어?"
"음… 그럼 〈적게 일하고 많이 벌자.〉"
"아, 이상해."

12월 10일
제이는 등굣길에 친구 두 명과 만나서 같이 갔다.
조용히 뒤따라가며 엿듣고 싶었는데 잘 안 들렸다.
학교에 들어가서도 멀리 운동장에서 손을 흔들어줬다.
착한 아이다.
어떤 부모들에게는 너무 평범한 일이겠지.
나는 이 순간이 너무 좋다.
제이는 기억하지 못하겠지?

12월 11일
아내와 함께 노령의 피아니스트 공연을 보았다.
여운이 가시지 않는다는 핑계로 소주 반 병에 두부 한 모를 먹었다.

12월 13일
해질녘에 버스를 탄다.
사람들의 퇴근길을 마주보며 출근하던 길로 향한다.
새삼스럽다. 해가 지는 걸 눈으로 직접 느낀다.
서촌에 내려 곧 퇴근할 친구를 기다린다.

12월 20일
제이와 함께 폐점을 앞둔 동네 슈퍼에 갔다.
물건들이 얼마 남지 않았다.
우린 비타500을 샀고, 내친 김에 동네 산책을 했다.

12월 23일
화내고 짜증 내고 혼돈의 아침이었다.
그래도 멀리서 손을 흔들어주고 들어간다.
제이가 날 가르친다.

12월 25일
제이에게 크리스마스 카드를 받았다.
감동스러운 마음으로 열어 보니,
"아빠! 집안일을 해주셔서 감사합니다."

12월 27일
아내가 승진했다.
내게 소고기를 사줬다.

1월 5일
운동을 하러 왔다.
스쿼트, 런지에 금세 영혼이 탈곡된다.
두껍고 가녀린 나의 하체에 위로를.

1월 11일
주말인데 집에만 있었다.
남들은 주말마다 어딜 다들 그렇게 다니던데,
사람 많고 복잡한 곳을 가는 게 너무 싫다.
가는 길이 험난하면, 도착해서도 아무 즐거움이 없다.
제이도 비슷한 것 같아서 다행이다.

1월 15일
제이가 해외 유튜브를 보면서 그림을 그리고 있었다.
한국어 설명도 없고, 자막도 없는데 곧잘 한다.
앞으로 유튜브를 볼 거면 이런 콘텐츠만 보라고 했다.

1월 17일
피티 선생님이 나를 너무 과대평가하신다.
하루 운동하고 일주일 누워 있다는 말을 실감한다.

언제부터 내가 이렇게 약골이 되었을까.
뼈는 굵은 것 같은데….

1월 20일
친구들이 요리 잘하는 아내와 결혼해서 부럽다고 했다.
요리 빼고 나머지는 내가 다 한다고 말하려다 말았다.
그래, 할 만하지.

2월 3일
내일은 제이의 받아쓰기 14급 시험이 있는 날이다.
마침표, 쌍따옴표, 문장부호도 틀리면 안 된단다.
신경 쓸 것들이 한두 개가 아니다.
정확한 지점에 쉼표를 넣고, 띄어 쓰는 일.
중요하겠지. 중요할까?
우리는 이런 규칙들을 어떻게 다 깨우쳤을까.

2월 4일
받아쓰기 100점을 못 받아서 속상하다는 제이.
절반 이상 맞았어? 응.
그럼 잘한 거네.

2월 5일
늦잠 자느라 제이를 지각하게 만들었다.
뻘쭘하네.

2월 6일
아내 회사에 놀러왔다.
일층 카페에 앉아서 이 메모를 남긴다.
여기 있는 사람들은 다 바빠 보인다.
나만 빼고.

2월 11일
미국으로 이민 간 친구가 잠시 들어왔다.
회와 갈비와 연포탕과 치킨을 먹었다.
오늘 3킬로쯤 늘었을 것 같다.
피티 선생님이 내일 인바디 한다고 했는데 큰일이다.

2월 15일
가족이란 우연히 만나게 된 개인들이라서
서로 맞지 않을 때 더 힘들 수 있다는 말을 들었다.

2월 18일
아내가 퇴근하고 종로에서 꼼장어를 사줬다.
나는 아내에게 소맥을 말아줬다.

2월 21일
제이에게 아빠한테 섭섭한 게 있으면 말해달라고 했다.
아빠가 "너 왜 그랬어?"라고 물어서 답을 하면
항상 변명하지 말라고 한다고 했다.
말조심해야겠다.

2월 22일
주말 아침 볼일 있던 아내를 기다리는 동안
이태원에서 혼자 김치 수제비를 먹었다.
세상에 이렇게 맛이 없을 수가.

2월 25일
코로나 때문에 학원이 문을 닫았다.
사랑하는 제이와 온종일 집에 있어야 한다니.
깊고 길게 심호흡을 했다.
24시간은 선 넘었지.

2월 28일
계획했던 여행을 전부 취소했다.
코로나가 밉다.
몇 달만 참으면 되겠지?
(꿈도 참 야무졌다.)

2월 29일
지금은 은퇴한 옛 상사에게 받았던 다독임이 떠오른다.
"오늘 많이 힘들었지?
걱정하지마. 내일은 더 힘들 거니깐."

3월 6일
혼자서 등산을 했다. 그리고 깨달았다.
마스크 쓰고 하는 것 중 가장 어리석은 일이라는 것을.

3월 7일
제이가 생일 선물을 줬다.
"아빠가 글짓기 할 때 쓸 물건!"
원통형 필통에 이렇게 쓰여 있었다.
연필, 지우개, 볼펜, 샤프, 형광펜이 들어 있었다.
덤으로 자기가 가지고 있던 노트도 내게 줬다.
난 아이패드로 쓰는데.

3월 9일
"아빠는 꿈이 뭐야?"
"응, 아빠 꿈은 제이랑 엄마랑 행복하게 사는 거."
"아니, 그런 거 말고, 꿈."
"그게 꿈이야."
"장래 희망 말야."
"아하, 내 꿈은 소설 쓰고 앉아 있는 거야."

3월 12일
드라마에서 "집에서 놀면서…"라는 대사가 나왔다.
입을 꿰매주고 싶었다.

3월 18일
자꾸 눈물이 나서 안과에 갔다.
안구건조증이라고 한다.
눈물이 나는데 안구건조증이라니 별일이다.
우울증이라도 기대했나?
그러고 보니 안과에선 우울증 진단받기 힘들겠네.

3월 20일
참기름이 필요했다.
노란색 병뚜껑을 열어 콩나물 무침에 넣었다.
한 입 먹어보더니 내 쪽으로 제이의 접시가 쓱 밀려온다.
참기름은 빨간색 뚜껑, 들기름은 노란색 뚜껑.
이걸 처음 알았다.

3월 27일
머리를 했다.
지저분한 머리를 다듬고 나니 뭔가 해야 할 것 같다.
마침 다음 주면 복직하는구나.

4월 1일
아빠가 육아휴직을 가지 않으면 도덕적으로 비난받는
그런 세상을 상상해봤다.

8월 9일
가족이라는 이유만으로 당연한 것은 없다.
사랑도 미움도 함께하는 시간이 있을 때 가능한 법.
오늘도 조금씩 '가족'이라는 글자를 키우는 중이다.

이 도서는 한국출판문화산업진흥원의 '2022년 중소출판사 출판콘텐츠
창작 지원 사업'의 일환으로 국민체육진흥기금을 지원받아 제작되었습니다.

아무래도 잘한 것 같아

1판 1쇄 발행 2022년 9월 27일

글 신지훈
그림 경미

펴낸이 신주영
책임편집 이윤
디자인 이사과

펴낸곳 요세미티(Yosemite)
출판등록 제2018-000046호
주소 서울시 마포구 독막로 291-3
이메일 yosemitebook@gmail.com
팩스 02-6305-4279

ⓒ신지훈, 2022 Printed in Korea
ISBN 979-11-972045-3-1 03810

*이 책은 저작권법에 따라 보호를 받는 저작물이므로
  무단 전재와 무단 복제를 금합니다.
*이 책의 전부 또는 일부 내용을 이용하려면 반드시 저작권자와
  요세미티 출판사의 사전 서면 동의를 받아야 합니다.
*잘못된 도서는 구입처에서 교환해드립니다.

 요세미티는 여러분의 귀중한 원고와 기획을 환영합니다.
출판 컨설팅·투고 yosemitebook@gmail.com